MOON　　SPELLS

經典長銷

月亮魔法大全

利用月相實現你想要的
財富、健康與愛情等各種願望

黛安‧艾奎斯特 Diane Ahlquist／著　　舒靈／譯

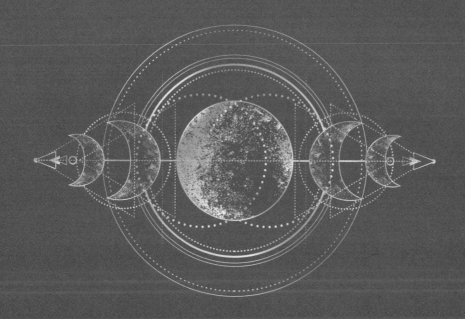

獻辭

　　我將此書獻給手中持有這本書的所有讀者——獻給那些相信我們體驗到的不僅是物質世界的一切，也獻給勇於冒險和受月亮和她的正能量影響的人。你們是探險家，你們是開拓者，不論你們的年齡為何，你們都是新時代的聲音……你們是生活中真正的魔法師。

目錄 Contents

謝辭 *Acknowledgments*

　　有些人我無論說多少次感謝都不夠，其中一個人就是我的編輯克萊兒·格洛斯（Claire Gerus）。我想對她表達我的感謝和摯愛。還有蘿拉·麥克勞格林（Laura MacLaughlin）、凱特·麥布萊德（Kate McBride），以及亞當媒體（Adams Media）的全體同仁，感謝他們的努力讓這本書能回應讀者的需求。

　　當然，還要感謝我的母親蘿絲瑪莉，她總是認為我很棒又與眾不同！

　　還有我的姊妹瑪莉，謝謝她對形而上學的研究和洞見。感謝我的外甥丹尼爾和強尼·法蘭登，謝謝他們善意的祝福。

　　獻給安卓安·沃尼（Adrian Volney），感謝他在我追求個人興趣時，對我充滿耐心和體貼，並了解我為什麼要在我們家的後院建一個月光圈！還要感謝沃尼家的孩子們，謝謝他們微笑的臉龐和快樂的性情。

　　我要特別感謝一位親愛的朋友派蒂·沃茲（Patty Volz），感謝她無私的為這些書頁奉獻了她的繪畫作品。這些都是很棒的藝術品，我很高興妳追求了這個上帝恩賜的天賦。

　　丹尼斯·賽特（Denise Satter）……封面設計棒極了！你讓這本書變得鮮活生動。

　　蘿拉·奈爾森（Laura Nelson）……二十年前，我認為妳是我遇過最棒的人，直至今天，這仍是事實。

　　而且，還要感謝……

　　戴文·史特恩（Dave Stern）……你一直是我在人生中遇到風雨時的燈塔。

　　黛比·阿爾伯特（Debi Albert），一位無條件支持我的朋友，總是祝願

我成功。

羅傑・高夫（Roger Goff），一如既往，你的智慧之語和知識帶給我巨大的影響力。

凱西・桂格（Kathy Greager）……一位真正的月亮擁護者，也是我最愛的雙魚座朋友。

英格・史文森（Inger Svenson）……你瑞典的能量和洞見啟發了我。

派特・山謬爾（Pat Samuels）……感謝你寶貴的意見和對新鮮事物感興趣。

瑞賀利歐（Rahelio）……謝謝你提醒我把所有東西放在圓圈陣法內。

喬・路鮑（Joe Lubow）……跟你談話激勵了我，讓我對我所做的事情充滿自信。

卡洛琳・卓根（Carolyn Drogan）……我想到妳的次數比妳知道的還多，我要向妳鞠躬。

布蘭迪・寇恩（Brandi Keown）……你讓維吉尼亞州陽光普照。

法蘭克・史密斯（Frank Smith）……我寫這本書時經常待在他的船屋裡。

祝福：羅伯特・艾爾文（Robert Irwin）、布蘭達・柏克（Brenda Brock）和夏洛特（Charlotte）、德斯蒙（Desmond）和安德魯・坎培爾（Andrew Campbell）。

若非篇幅有限，我會對所有的客戶和朋友一一列名感謝。

最後，感謝所有揚升大師每天在我冥想時帶給我指引。

簡介 *Introduction*

我的名字是依月亮女神黛安娜命名的，即使如此，在我成長期間，我也沒有比其他小孩更注意離我們最近的天體。後來，大約十年前，有一位在警察局工作的朋友指出，她在滿月期間接到的緊急求救電話比平常更多。這不禁讓我好奇月亮對我們生活的影響力。

多年來我一直有寫日記的習慣，有一天我心血來潮查看以前的記事資料，驚訝的發現，我過去發生的重要事件都跟月相有密切的關係。在新月開始的計劃或戀愛都會「成功」，我生命中不好的事件都是在滿月期間發生的。在漸盈月期間開始節食減重都不管用，但開始新事業卻欣欣向榮。

我的離婚程序（過程沒有發生任何衝突或惡劣的情緒）是在漸虧月期間開始的。我的直覺在滿月時更準確，暗月期間我的精力值最低。我為此深深著迷，開始研究這個新發現，並用各種不同的技巧實驗如何利用這個優勢。當我發現某些技巧對我很管用時，下一個步驟顯然就是要試驗看看，對別人是否也管用。

我至今已經做了二十多年的「直覺輔導」工作。在這麼多年的時間裡，我發現我經常使用月相來幫助客戶重新掌握他們的生活。我為他們提供可行的儀式，幫他們全面改善自我，又不會妨礙任何人。理論上，我雖然從沒提過這些儀式是什麼，但有些人認為這些是魔法⋯⋯月亮魔法。

很懷疑嗎？

讓我告訴你其中一位客戶的經驗⋯⋯還有她弟弟的經驗，有一天晚上，我和我的客戶以及她弟弟共進晚餐。

這位男士整個晚上都在講他自己的事情。他顯然很不快樂，而且對他的失業情況感到極度挫敗。

我問他說，他以前找工作的面試都安排在哪一個月相。

他翻了翻白眼。「看月亮是不可能幫我找到工作的。」他低吼著說道。

我微笑起來。「我看到你隨身帶了行事曆，」我說：「純粹為了趣味，我們何不來看看你過去三個月安排的面試日期？」他才心不甘情不願的同意了。

當他給我看他的行事曆時，我發現他之前所有的面試都安排在漸虧月期間，這一點都不令我驚訝。漸虧月是釋放和放下的時期……不適合開始新事業。當我解釋這個給他聽時，他還是滿腹懷疑，而且也不感興趣。

後來，他提到就在那個禮拜，他還有一個面試。我知道這又是在漸虧月期間。我問他是不是可以把面試延後一些，直到月相變成漸盈月時（這是找工作的最佳時間）。

在他姊姊的慫恿下，他默許了。後來，在他新面試日的前一天（又是他姊姊促成的），我們三個為了讓他獲得錄取機會，舉行了一場團體魔法儀式（稍後你會在本書中找到這個魔法）。

面試後的隔天，那個公司的人告訴他說，他不具備這個職位的資格。他馬上衝回家打電話給我，口氣還很高興的樣子。「妳真是滿口胡言！」他這樣告訴我（或類似的話）「月亮和那些魔法根本就沒有什麼特殊的力量。」

隔天早上，前一天面試他的那位男士突然聯絡他，說另一個薪資更高的職位剛好有空缺。於是他接受了這個工作……但還是不肯承認這跟我們舉行的魔法儀式有任何關係。

然而，他卻突然提出這件事，說他已經兩年多沒有女朋友了。我心想，難道他是在暗示詢問有沒有魔法能幫他找到女朋友？不，懷疑論先生應該不

會這樣！

我微笑著告訴他關於愛情魔法的事情，他同意再次試試看——但只是「為了再次證明這一切都是無稽之談。」

他等到新月時（最適合尋找新戀愛對象的月相），在他獨自一人時念誦咒語。

隔天晚上，我在答錄機裡接到另一個諷刺的留言，說他沒遇到他生命中的愛人，這些魔法只是浪費時間和精力而已。我回電解釋說，魔法通常要花超過一天的時間才會生效。既然他自己都已經等了兩年了，我叫他再多等兩天也不算過分，結果他等了兩個星期。

懷疑論先生在一個庭院拍賣會中遇到一位女士，後來跟她結婚了。我最後一次聽到的消息是，他們過得很幸福，而且還想知道我是否能建議一個買新房子和建立新家庭的魔法呢！

你手中的這本書描述了跟幫助這位懷疑論先生達成人生目標一樣簡單的魔法和技巧。運用五種基本月相（新月、漸盈月、滿月、漸虧月和暗月）所提供的能量，這些「月亮魔法」能幫你戰勝人生中所遭遇的各種挑戰。

古代文明非常敬重月亮的力量：他們會根據月相來栽種農作物、以無數的儀式來表達對月亮的敬意，以最重要的節慶假日來禮拜月神。

即使在現代，我們已經知道月亮在更現實層面所產生的影響力（造成海潮的原因和對女人月經的影響力），我們仍會對夜空中滿月的神秘和美麗感到著迷和好奇。

時至今日，若不是業餘的占星學家，幾乎不可能會去讀任何關於運用月相的刊物。我非常尊重黃道星座和它提供的豐富資訊，但不是每個人都有時間研究或奉行占星術。

與其倚賴占星學，不如看本書如何著重在五種基本月相和如何將這些月相運用在你日常生活的方法。這些魔法能讓你放鬆，並讓你以非常清晰的頭

腦去看待人生中的各種挑戰，達到一種意識轉變狀態（Altered state of consciousness）。接通這種層次的意識狀態後，你會發現有很多豐富的資訊會來引導你，帶給你某些人稱為「魔法」的能力。

仍然感到懷疑嗎？

為了得到安定和幸福的機會，我認為嘗試一下本書中的技巧是很值得的。或許這些魔法能改變你的人生，最差的情況下，你頂多也只是花了幾個晚上凝望我們美麗的月亮而已。

如何使用本書

在開始任何魔法之前，請先讀「準備」的部分，然後再讀何時、何地和如何舉行魔法的部分，以便讓自己熟悉魔法的一般概念，也可以瀏覽一下強化物的段落，這部分能幫助你放鬆身心，而且更容易達到意識轉變的狀態。

圖表會展示在個人或團體儀式中每個人坐或立的不同位置。如果你想做團體的魔法，那這一段就格外重要：請將這些部分全部讀完，花點時間去了解這些段落中的執行方式。當你引導其他人時，你必須非常清楚自己在做什麼，否則這個過程會出現虛弱和混亂的能量，這個團體裡的其他人也會對你失去信心。

然後翻到目錄去尋找最吸引你的魔法。每一個魔法都會建議最合適的強化物、陣法和施展這種魔法最合適的月相。

如果你發現其中一個魔法讓你感覺不太對，即使只是一個字或一個句子，那就自行修改到讓你覺得更舒服為止。

陰曆（Lunar Calendar，亦稱月亮曆，指按月亮的月相週期來安排的曆法，而中國的農曆實際上屬於陰陽合曆）能提供從滿月開始，每天位在哪個月相的圖表。為了避免月曆過期，我們使用了月相行經路線的通用格式，從

滿月開始，順著它經過的週期變化前進。

不要給自己壓力強行去記憶這些細節，比方說，要使用什麼顏色的蠟燭，或是什麼樣的寶石最適合你的情況。這本書就是為了給你參考用的，你可以經常回來翻閱它。也不需要背誦你喜歡的魔法，如果你不想隨身攜帶整本書，可以拷貝你最常使用的魔法帶在身邊。最重要的是，慢慢來，不要急著完成魔法的過程。

本書沒有提倡任何特殊的信仰系統，也不需要具備豐富的魔法知識。這是一種無教派的靈修方式。唯一的要求是，你要相信神、一種高層存有的力量或大自然的平衡。這些咒語或儀式混合了許多不同的信仰系統和不同的儀式。然而，對那些不相信這種混合信仰的人，我發現從不同哲理混合的振動頻率也能帶來強大的效果。事實上，你現在手中會拿著這本書就是我舉行月亮魔法儀式所產生的效果！

現代市面上跟月亮儀式和月亮力量有關的其他書籍可分為兩大類：依賴占星學和奉行自然信仰威卡教的人寫的書。

要充分了解占星學的星座如何運用在月相上，需要了解占星學本身廣泛的詮釋和相信它的指導原則。那些從這種觀點看待月亮的書基本上分成兩半：首先重點放在占星學，其次放在月亮上。

其他描述月亮的書籍把重心放在某種異教或威卡教信仰也可分成兩種性質，他們還是得分開解釋月亮和宗教信仰這兩大主題。這種信仰當然沒什麼不對——他們的靈性根源、著重在大自然，著重在他們的企圖都是好的。雖然你在書中會發現一些類似威卡教信仰的東西，但這本書並不是威卡教，也不是關於巫術的書。事實上，我把這些儀式說成「魔法」應該不會讓人緊張或感覺受到冒犯才對。這只是一種方便解釋向宇宙或你認識的神祈求一些額外幫助的字眼罷了。「魔法」這個詞也可以用別的詞語取代，像是：月亮祭典、月亮觀察或神聖的月亮儀式。

許多宗教信仰都有他們自己的儀式類型，例如使用蠟燭、香品、雕像和聖水之類的器具。使用顏色和象徵對某些宗教團體也很重要。所以舉行我說的魔法儀式，跟別人點蠟燭或放聖水，對著家中祭壇上他們喜愛的聖人祈禱並沒什麼不同。

我從不批評別人的信仰，我感覺所有比別人更相信高層存有力量的人對彼此和對這個星球都有高度的尊重，相信我們不該故意傷害他人，大家都信奉同樣的神性本源。我希望並祈禱將來有一天所有的宗教都會尊重其他的宗教系統，體認到相信某個特定的宗教是這個世界唯一真正的宗教是沒有意義的。讓我們團結起來，珍愛彼此，難道這不是世上每個宗教的準則嗎？至少我們有這個共通點。

以我的觀點來說，舉行這些魔法儀式並不違背任何人的宗教或信仰。這些儀式是實驗振動頻率、能量、元素，祈求潛意識中的內在本性。這些行為是向某個你信仰的造物主或某個神聖力量強烈祈求協助的方式。

任何拿到本書的人都可以立刻開始用它來接通月亮力量的源頭，轉化到更正面的生活方式。在本書中強調的五個基本月相，我們大部分的人差不多都很熟悉，這些跟其他討論這個主題的書籍有些不同。這些月相是：滿月、漸虧月、暗月、新月和漸盈月。關於這些月相的詳細資料可在「何時舉行魔法儀式」中找到。

Part I

為魔法儀式做準備

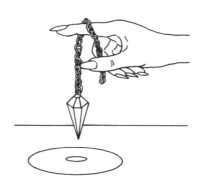

簡介

　　魔法需要思考、準備和了解適當的使用方法，這樣你才能為召喚的魔法點燃火花。組織良好的儀式是成功的儀式。配合大自然的元素、時機和特定的行星方位能讓我們跟宇宙生命力能量同步連結。有智慧的施法者會等到一切都準備就緒後才開始，不會催促宛如隱形流水般的自然能量流。當你跟準備的細節工作達到協調合一時，你會體會到它們召喚出來的奇異神祕的特性。你努力做出有效率的行動後，你的努力就會得到良好的回報。

1 何時舉行魔法儀式

　　當你實施這些魔法時，用月相來設定你的進度。耐心的等到適當的月相時再做，否則你可能無法達到你想要的結果。我在這裡包含了最佳月相或適合舉行這些魔法的月相和咒語，方便你們參考。然而，有些額外的資訊會讓你更加了解，我是如何決定哪一個魔法最適合哪一個月相的。當你想為任何一種情況創造自己的魔法時，這些資訊也會對你有幫助。

月相

☽ 新月

　　當你看到空中剛顯露出一道銀白色的光芒時就是新月期，新月有時候也被稱為峨嵋月。這個月相能促進新的開始、新事業和新的人際關係。這時適合做正向的改變，尋找事業的新機會，植入新觀念的種子，等待未來得到收穫。

☽ 漸盈月

　　在這個月相中，月亮看起來會越變越大，從新月變成滿月，它好像逐漸得到力量。這樣說很有道理，這時適合專注在增加你自己的事物——你的知識、銀行帳戶、人際關係。這時也適合考慮懷孕、增加所有類型的溝通，不論是生意上或是私人生活上的事務。如果你想在財務上獲利，就要在此時處理這類的法律問題。這個月相也能促進療癒。

☽ 滿月

　　當我們看到她整張臉發亮時，這是月亮最強大的時期。這時是實現、活動、增強通靈力、改善點子、「調整改善你生活中的一切」、慶祝或是對某人或某個企劃延續承諾的時期。這個月相適合任何一種魔法。

☽ 漸虧月

月亮從滿月變成暗月時會越來越小。漸虧月時期適合減少、釋放、放下和完成。這是開始減重、改掉壞習慣、結束親密關係或處理法律問題的最佳時期。

☽ 暗月

這兩三天在空中完全看不到月亮。暗月和新月經常被視為同一個月相，但為了配合我們的目的，我把它分為兩個月相。在一般的月曆上，暗月通常以黑點來表示。然而，從黑點的前一天開始持續到黑點的後一天都可以算是暗月期。這時適合丟棄生活中不想要的東西，深思你已經完成的事情，還有

你將來想要完成的事情。週期中的這個時段適合找時間讓自己獨處，如果你有興趣的話，這時也是閉關隱居的最佳時機。

每年的月亮

每個月都有一個滿月，若是某一個月出現第二個滿月時，就被稱為藍月（Blue Moon）。每一個公曆年都會有一個藍月，古人為每個月的滿月取了不同的名字。

不同的文化給了月亮不同的名稱，表達月亮在那個月對他們的意義。有些月亮的名字很合乎一般常識，有的名字除非你了解它背後的邏輯，否則會覺得毫無道理可言。

｜一月｜

常見的名稱：狼月（Wolf Moon）

不常見的名稱：潔月（Chaste Moon）──新的一年開始時需要清潔和更
　　　　　　　新；這時適合從頭開始，洗掉過去和迎接嶄新的開始。

｜二月｜

常見的名稱：冰月（Ice Moon）

不常見的名稱：獵人月（Hunger Moon）──冬天的庫存快用完了，獵人的
　　　　　　　靈魂和肚皮都在渴望春天的到來。

｜三月｜

常見的名稱：暴風雨月（Storm Moon）

不常見的名稱：蟲月（Worm Moon）──地面的冰雪融化後帶來新生命，
　　　　　　　蚯蚓鬆開土，在月光下從濕軟的土裡冒出來。

｜四月｜

常見的名稱：成長月（Growing Moon）

不常見的名稱：粉紅月（Pink Moon）──春天的草地上布滿粉紅色的野花
和嫩草。

｜五月｜

常見的名稱：野兔月（Hare Moon）

不常見的名稱：牛奶月（Milk Moon）──家畜和野生動物出生會帶來母
　　　　　　　奶、生命的給予者，人類和動物的第一種食物。

| 六月 |

常見的名稱：蜜酒月（Mead Moon）

不常見的名稱：雙子月（Dyad Moon）──這是屬於雙子座的月亮，這段時間是為了紀念雙胞胎、天神和女神的神聖婚姻，讓兩者合而為一。

| 七月 |

常見的名稱：乾草月（Hay Moon）

不常見的名稱：藥草月（Wort Moon）──Wort 是代表藥草的古字，這個月適合採集藥草，為藥草店補貨。在炎熱的夏天將藥草曬乾，儲備給即將到來的漫長冬天使用。

| 八月 |

常見的名稱：玉米月（Corn Moon）

不常見的名稱：爭執月（Dispute Moon）──大地之母生長出豐盛的食物，填飽了肚皮後，讓人對持續生存滿懷希望，我們可以結束爭端，放下舊仇怨，展望即將到來的漫長和平的冬天。

| 九月 |

常見的名稱：收穫月（Harvest Moon）

不常見的名稱：葡萄藤月（Vine Moon）──凱爾特最開心的月份，勤奮的工作得到豐收的成果，製作葡萄酒和對未來的展望。

｜十月｜

常見的名稱：血月（Blood Moon）（打獵時期）

不常見的名稱：脫落月（Shedding Moon）——這個月公鹿的角會脫落，開始往昔固定的習慣——創造新生命的衝動取代死寂的冬天。

｜十一月｜

常見的名稱：雪月（Snow Moon）

不常見的名稱：樹月（Tree Moon）——凱爾特的蘆葦樹（譯註：凱爾特人把高大的蘆葦草當成樹）和接骨木樹（Elder tree）同時出現代表這個月是靜默之月，適合做內心的功課和增強力量，接骨木樹代表完成之月；一年到了尾聲時，白晝也變短了。

｜十二月｜

常見的名稱：冷月（Cold Moon）

不常見的名稱：橡樹月（Oak Moon）——古人的聖樹，這種強壯的樹木能夠抵禦最酷寒的冬天，新的一年重新開始，橫跨故舊、陰暗的一年和嶄新光明的一年這兩個世界，正如橡樹的根深入陰暗的地底，而樹幹和樹枝都在天空中。

一週中適合舉行儀式的日子

　　你在一週中的哪一天執行魔法也會對你的儀式產生某種影響力。一週的日子不像月相那麼重要，然而，如果你能以正確的日子配合正確的月相會讓一切變得更強大。舉例來說，吸引愛人的魔法最好在滿月、新月或漸盈月的

星期五來做。但是，如果適合感情關係的月相不在星期五，也不要過度擔心。你仍然可以舉行這個魔法儀式，不要管那天是星期幾。星期幾就相當於在燉菜裡加一小撮鹽，可能會讓菜更美味一點，但不會有什麼太大的不同。不要為了等一切都完美就緒，結果等了好幾個月。如果其他的事情基本上都很完美，你希望的那星期的日子卻因為你那天剛好有更重要的事情要做而不方便。你能舉行魔法儀式的那天對你就是最完美的日子。

✳ 一週中適合魔法咒語和儀式的日子

日期	主導的行星	最適合
星期一	月亮	通靈工作或感想、召喚力量、創意點子、神性／啟發訊息、療癒
星期二	火星	性愛、保護、建立身心的力量、自信
星期三	水星	事業／工作問題、智識追求、旅遊計畫、研究
星期四	木星	財務問題、法律問題、靈性、發展
星期五	金星	愛情吸引力、所有的人際關係、和解、美容外貌、美化環境
星期六	土星	跟家有關的問題、腦力激盪未來的計畫、對個人的目標發願、減重、改掉壞習慣、結束任何事情——人際關係、感情關係之類的。
星期天	太陽	療癒身心靈、處理事情／做決定、解決問題的洞見、神性的干預／奇蹟、特別的友誼。

北

西　　　　　東

南

2 陰曆

陰曆（Lunar Calendar）的月亮從滿月開始到下一個滿月大約需時二十九天半。為了讓你了解每個陰曆的月亮如何出現，圖表裡包含了月相變化過程的概念。為了簡化說明，二十九天半被當成三十天看待。

陰曆中的一個月（月亮從滿月到下一個滿月的變化）						
滿月						
滿月						

3 在哪裡舉行魔法儀式

　　地點很重要，但你必須實際一點，選擇最適合你的地點。每件事情都有利有弊，在哪裡施魔法也一樣。有些人會說，在戶外施展魔法最好，可是，如果你住在像洛杉磯、底特律、亞特蘭大或紐約這種大城市的市中心，這種選擇就不太明智了。因為我們住在現代化的公寓裡，外面汽車飛馳和工地車輛的噪音可能太雜亂了。比方說，在中世紀時代，絕不會有像救護車、飛機、火車和汽車喇叭聲這種問題。因此，想想現代的情況跟我們祖先的情況是不同的。

　　考慮你個人所在的地點，決定你有哪些選擇可用。

室內

在室內舉行魔法儀式比較容易，因為不會有風老是吹熄蠟燭、你有電力可以播放音樂、有個人隱私，而且也很安全。

如果可能的話，當你要接通月亮的力量時，試著找一個能看得到月亮的地點。但最重要的是，保持舒適就好。如果你家有一個房間能讓你看到月亮，但你在那裡無法放鬆，那就不要使用那個房間。

如果你在某一天要舉行魔法儀式，那個地方沒有窗戶或看不到天空，那就用代表月亮的代替品。用一張月亮的圖片也很好（也可以自己畫），或是任何能代表月亮的東西都可以。

你可以在大部分的園藝中心買到陶瓷做的月亮裝飾品，或是用厚紙板自己做一個，任何你能拿到的東西都可以。一個月亮形的項鍊墜子或別針也可以。有創意一點，任何你感覺能代表月亮的東西對你都是完美的。

記住，你的隱私是必要的。除非是直接參與這個儀式的人，否則不要有其他人在場。如果你有一個大家庭，很難找到獨處的空間，你可以使用浴室或廁所。這樣說可能很荒謬，但我舉行過最好的其中一個魔法儀式就是在假期旅館的浴室裡做的，當時我跟一個沒有這類嗜好的朋友同住一間旅館房間。

戶外

在戶外舉行魔法儀式很棒，因為你的四周有大自然圍繞。然而，大部分的人都沒有能確保隱私的戶外土地。即使在公園或海邊，你也可能會吸引一些旁觀者或路人。

在後院舉行儀式是可行的，但如果你有很吵的鄰居、愛吠叫的狗或可能

會突然出現的送貨員，那就不是好主意了。記住，你不應該吸引別人的注意力，謹慎一點，這樣魔法的力量會比較有效。

如果你運氣好，有能保護隱私的圍牆或四周有很大片的土地，那你可以試試看。若是碰到風大的日子，可能不適合使用蠟燭。（詳細資料請參考描述蠟燭的段落，看看要如何處理這種情況。）

不管你怎麼做，請確保你一直都是安全的。如果你在晚上舉行魔法儀式，老是擔心有人會偷偷跑到你身邊，這樣就會打擊這個目的。為什麼要給你的魔法增加壓力呢？

通常若有一群人參加的話，會比較適合做戶外魔法儀式，可以衡量利弊之後再做決定。我在戶外和室內都曾舉行過魔法儀式，沒有說哪一種會比較容易成功。不過，我不得不承認，如果你有機會在大自然中舉行魔法儀式，那就去做，這個經驗是很迷人的。

樹魔法

對可以運用戶外神奇世界中的樹木的人，你可能會想在樹底下或一棵特別的樹附近舉行儀式。有可能是一棵讓你有「好感」的樹，或是你找到具有獨特性質的樹木。我在我家後院的一棵橘子樹下就舉行過很多次魔法儀式。

許多文化的人認為樹木具有治病的功能，能消除人類身上的負能量又不會傷害樹木。因此有時候只是在國家森林公園或是當地的公園裡散散步就能讓人平靜下來。

如果你在一棵特別的樹附近舉行魔法儀式，先感謝這棵樹給你這種振動能量。美國原住民和其他文化的人相信一棵樹是一個生命靈魂的化身。

不要覺得驚訝，但擁抱樹木並沒有一般人想像的那麼不尋常。有時候一棵樹具有我們需要的獨特物質，像是我們體內耗盡的某些東西。因此，我們

需要補充那種生命力。通常那些吸引我們的樹木能夠讓我們恢復體力，又不會奪走它們自己的能量。

　　例如：如果你對愛情幾乎完全失去了興趣，因為你平常的生活經常工作過勞、常常出差旅行或是沒有伴侶，你也許需要讓自己多接近一下樹木，甚至擁抱一棵橡樹。據說橡樹能增加人們的性能力！

　　「沒有冒險就沒有收穫。」

　　以下是一張關於樹木表達其特性和精華的小清單，據說這些是它們天生的本性。

- 白蠟樹（**Ash**）：祥和、保護、興旺、實力。
- 白樺樹（**Birch**）：新的開始、療癒傷口和燒燙傷。
- 雪松（**Cedar**）：勇氣、長壽、富裕、自信、淨化。
- 椰子樹（**Coconut Palm**）：純潔、榮譽、放鬆。
- 柏樹（**Cypress**）：前世的問題、舒適、保護、減輕失去任何人事物的傷痛。
- 接骨木樹（**Elder**）：轉化和改變、安詳的睡眠、自信。
- 榆樹（**Elm**）：保護和冥想、阻止誹謗。
- 尤加利樹（**Eucalyptus**）：療癒、保護、月亮的協調性。
- 紫丁香樹（**Lilac**）：啟動脈輪（能量中心）、治療背痛。
- 萊姆樹（**Lime**）：占卜、發展、清潔。
- 木蘭花樹（**Magnolia**）：忠貞、改變、放鬆和鎮定。
- 楓樹（**Maple**）：長壽、愛、金錢。
- 香桃木（**Myrtle**）：生殖、平衡、青春、富裕。
- 橡樹（**Oak**）：增加性能力、幸運、實力。
- 梨樹（**Pear**）：頭腦清明、精力、自信、減少壓力。

- 胡桃樹（Pecan）：事業問題和找工作、金錢、紀律。
- 松樹（Pine）：興旺、淨化、健康、驅邪。
- 李樹（Plum）：愛和療癒、自信。
- 白楊樹（Poplar）：靈魂出竅、智慧、心理治療、重新開始。
- 核桃樹（Walnut）：憂鬱症、療癒、治療不孕症。
- 柳樹（Willow）：夢想成真、誘惑力、保護、為病人增加體力。

　　不一定要舉行魔法儀式才能啟動樹木的魔法，你隨時都能接觸樹木，把它們當作為你身心靈提供天然豐富的精神和體力的恢復劑。每次都要默默的點頭向樹木表達謝意，感謝它讓你得到它特別的精華屬性，感謝它吸收你的負能量。順便一提，樹木不會在這個過程中受到傷害──它能透過某些元素消除你的負能量，幾秒鐘就能讓你神清氣爽，活力充沛。

面對哪一個方向？

　　當你開始月亮魔法儀式時，另一個大自然的禮物和要考慮的重要因素就是要面對哪一個方向。施行魔法時，注意羅盤上的東、西、南、北方向非常重要。面對適當的方向時，你就能利用它提供的振動頻率或能量。這四個方向的免費力量是經常被忽略的大自然禮物。

　　你也可以把四個方向當成四種風。你可以從東、西、南、北「激起這些風」。這表示你仍然站在面對某個羅經方位點的方向，但會召喚能量以一陣風的形式吹向你這邊。若沒有激起這些風吹動的話，生命力流動的力道會溫和許多，通常這也是必要的。這得看是哪一種形式的魔法，看你只是面對某個特定的方向，還是面對那個方向同時又激起一些風動。你可以把它當成電風扇的兩種段速來比較，雖然氣流來自同一個源頭，但你可以控制它吹到你

這邊的速度快或慢。

而且，記住，你其實很可能感覺不到你召喚來的風。然而，氣流中無形的活動會來到你舉行魔法的地點，帶給你遠超過你思想境界的力量。空氣中其實充滿了魔力！

我在本書的每一個魔法中會給你面對哪一個方向的提示。我也會建議你要不要激起這些風，並提供如何祈願的方式。此外，針對你自己創造的魔法，也有提供一般資訊，我也會把來自每一個羅經方位點散發的振動頻率細節包括進來。

北方（**North**）　跟地元素相應。健康問題、治療身體和精神、增強或發展你的直覺力，使用某種形式的占卜，超越物質世界，嘗試以心靈感應的方式與某人溝通、向你召喚的高層力量（某人或某物）尋求指引都可面向北方，這是最強大的方向。

南方（**South**）　跟火元素相應。愛情問題、任何一種人際關係、創意和藝術的追求、跟愛情或情緒有關的任何事情都可以面向南方。

東方（**East**）　跟風元素相應。事業問題、實力、頭腦清晰、新的生意機會、財務問題和任何需要額外精力的事情、療癒心智、新的開始，這些問題都可面向東方。

西方（**West**）　跟水元素相應。要放下過去和往前邁進、增加自信、原諒自己或別人、淨化和無條件的愛可面向西方。

特別注意事項：若是心中有疑惑，不知道要面對哪一個方向時，那就面

向北方，因為它是所有事務的根基。

　　如果羅盤指示的方向讓你看不到月亮，不要擔心，即使你背向她，月亮的能量仍然可以從你周圍進入。盡量面向我在魔法中建議的方向，即使沒有面向月亮也沒關係。你只需要知道這個能量來自月亮即可。

　　在戶外舉行魔法儀式時，月亮在頭頂上或幾乎在頭頂上方，對物質世界和魔法世界都比較好。這樣一來，你從任何方向都能看見月亮。

　　我經常做的另一個建議是：有時候我在室內施展魔法時，我會從門口探出頭幾秒鐘，看一下月亮，感覺跟她的聯繫感，然後再回到室內舉行我的儀式。別擔心……月亮的振動頻率會透過屋頂、山脈、雲層、雨水、白雪，甚至通過住在你樓上的那些人滲透下來。

4 為什麼和如何舉行魔法儀式

　　施展魔法就是舉行一個儀式。我們需要咒語和儀式幫我們在人生中得到我們想要的事物，或讓事情進展得更順利嗎？答案是不需要。如果你有強烈的信心和堅強的心智，你只需要靠心念去想就能創造出你想要的一切。不需要任何魔法器具或咒文唱頌，也不需要跟魔法儀式有關的任何事物。

　　那為什麼我們還要這麼做呢？有很多種原因。舉行儀式是向我們的潛意識求助，這個動作本身會讓我們慢慢進入一種警醒或是入神的狀態，能讓我們對自己想要的事物進入一種更專注的心智狀態。這樣能建立一種漸進漸強的企圖心和意志力。

　　魔法儀式從準備我們的魔法器具開始，比方說準備蠟燭、香品和其他的必需品。這些器具或強化物是象徵性的——它們會配合你的潛意識，告訴你何時要從物質世界進入魔法世界。當我拿起儀式用的刀子時（威卡教稱它為儀式刀 Athame），我能感覺到自己進入到一個神祕的境界。當我擺放蠟燭時，我可以感覺到室內的能量在改變。你一定要從頭到尾都能體會到每一種感受和情緒。你在儀式中做的每一件事背後都有某種意圖，你一定要明白你正在創造一個讓你施展咒語的魔法領域。

　　當你創建出某個陣法時，你會進入更深層的潛意識中。每一步都會帶你進入越來越深、脫離了世俗界的境界。在你為儀式唸誦咒語時，你「強大的力量」會提升到一種能產生巨大能量的高峰點，精神完全聚焦於你想要的事物上。

　　舉例來說，為了找一個想要的工作而舉行魔法儀式，遠比坐在家裡空想著：「天啊！要是我明天能得到那個工作就好了。」的效果好多了。你其實是將這種振動頻率傳送出去，讓它飛到宇宙太空中，將現實物質帶回來給你。你是在提升自己的能量。

　　再說，舉行魔法儀式能讓你做一些具有建設性的事情，而不是在為某件事情煩惱擔憂。我認識一位來自北卡羅萊納州艾希維爾市的女士就證明了這點。她向一間銀行申請貸款，成功的機會可說是「極為渺茫」。那天是星期五，她要等到星期一才能知道結果。她星期五晚上打電話給我，說她正在不停地來回踱步，吃了好多東西，感覺神經緊張到極點。我推薦一個魔法給她。她星期六整天都在準備儀式需要用到的東西，到了星期天下午時，她舉

行了這個魔法儀式。整個週末就在不知不覺中過去了。

與其不停的煩惱憂心當前的處境，她感覺自己在做能增加貸款機會的事情。她說她不確定自己真的相信這樣做會管用，但感覺值得為此付出這些精力，因為反正她也無法專心做其他事情。光這個就足以做為舉行儀式的好理由。

星期一下午，負責這筆銀行貸款的人打電話告訴她，她得到貸款了，因為他們決定要給她開一個特例。是這個魔法生效了，還是事情本來就會這樣？她說，不管怎麼樣，做這個魔法儀式顯然不會有壞處。而且，如果你太過擔心，認為很可能會失敗，那你就會創造出失敗的結果。她將緊張的能量轉到創造她想要的結果上。

有些人舉行魔法儀式純粹是為了好玩。如果你是跟團體一起舉行魔法儀式，這是聚會社交和運用創意才能的絕佳理由。這也是一種能讓人聯繫感情的方式。以個人來說，我把魔法看成很嚴肅的事情，不只是為了好玩才這麼做，但我並不常舉行魔法儀式。當你決定要施展一個月亮魔法時，應該是因為現實的需要才做。

不要太常舉行魔法儀式，如果你很認真看待它的話，應該是為了特殊情況和特殊的理由才做。

正如先前提到過的，學習何時舉行月亮魔法是最重要的。預先做好計畫，讓自己擁有所有的優勢。

如何舉行魔法儀式：事前的準備工作

· 決定你要使用哪一種魔法咒語。如果你要寫自己的咒語，那就在施法的前一天寫下來，萬一你考慮了一兩天後想改變，還有時間可以修改它。

· 檢查一下，確定你是否已準備了所有的器具或強化物。你不會想在舉

行這些儀式當天的一小時前，突然跑去外面的店裡買東西。在舉行儀式的當天，你應該盡量放輕鬆。

・事先找好你要創建陣法的地點。

・選好你當天要穿的衣服，並確定衣物已洗乾淨，隨時可以穿戴。

・在你的行程表中清出一個空檔，這樣你才不會太匆忙。

・如果這個魔法儀式是要在家中舉行，先把這個地方清掃乾淨，這樣你就不會太緊張，或是擔心稍後還要做家事。

舉行月亮魔法的當天：基本程序

1. 關掉所有電話、傳呼器和任何會干擾你的東西。

2. 把會打斷儀式的寵物放到另一個房間。

3. 如果你事先安排了保母，那就把小孩送去保母家，或者請家人在你預計儀式可能使用的時間內，不要來打擾你。至少要半小時的時間。

4. 沖澡或泡澡。

5. 拿出你的器具和強化物，走到你要舉行魔法儀式的地方，要確定你有準備好你的魔法。

6. 如果你要使用音樂的話，你可能會想在做準備工作時開始播放。

7. 移動傢俱，給自己所需的空間。

8. 把所有的器具都放在你準備使用的空間內。

9. 根據指示創建你的陣法，根據圖表擺放你的蠟燭和寶石。

10. 放輕鬆，觀想你的身體受到明亮的白光保護，看到白光從你的腳趾往上流到你的頭頂上。不僅陣法能保護你，白光也是讓你不受負能量影響的額外防護罩。

11. 坐下來，當你覺得情況合適時，唸誦你的咒語。你可能想在唸誦咒語之前聽一下音樂，也許你想安靜的坐一下，做好心理準備。

魔法特定的指示會引導你，可能要在紙上寫某些東西、或從聖杯中喝葡萄酒或果汁之類的。

1. 等你完成魔法儀式之後，靜坐一段時間，你想靜坐多久都可以。熄滅所有蠟燭，打開你的陣法，解除它，立刻離開。（請參考陣法的段落，查看如何打開和解除陣法的方法。）
2. 拿走所有的強化物品，按照次序把東西放回原位。

5 如何創建不同的陣法

我們創建任何一種陣法的原因是為了集中和穩定魔法。

陣法能保護並將能量固定在某個地方。大部分人會選擇製作圓圈陣法，因為它沒有起點也沒有終點，因此既強大又有效，而且圓圈在自己的圈子內，本身自成一體。

　　然而，我發現先製作圓圈陣法，然後在裡面畫三角形或正方形也很強大，圓圈能保護不同類型的魔法。因此，我會為每一個魔法建議使用三種陣法之一。如果你對在圓圈內使用三角形或正方形覺得不自在，那就只要使用圓圈就好。記住，絕對不要只使用正方形或三角型，一定要在你的圓圈內使用。

　　正如我先前說過的，這一切都由你自己選擇，如果你感覺不對，那就不應該強迫自己去做任何事。如果你不確定哪一種陣法最適合你，那就實驗看看。讓你內在的高我來引導你，遵從你收到的指示去做。在本書中的魔法部分，我為每一個特定的魔法推薦了適用的陣法。然而，你可以改變它，記住，這是你的魔法，所以應該按照你的意思去做。

用有形的物品創建陣法

　　你的目標是要創建一個圓圈、三角形或正方形，讓你自己，或者你和其他人可以坐下的地方。其中一種方式是使用有形的物品製作看得見的陣法。有些人喜歡使用看得見的東西以有形的方式來界定一個區域。鹽巴是很棒的選擇，因為它代表保存、淨化和強化魔法。像是鵝卵石、貝殼、石頭、樹枝、花朵和沙子這類大自然的禮物都是創建陣法的迷人物品。我也見過有人使用塔羅牌、水晶和蠟燭來做。如果你在室內舉行儀式，你可能不想使用任何會弄髒地板或地毯的東西。在戶外時，最好使用不會被風吹走的東西比較好。我在冥想園中有一個用磚塊做成的固定圓圈，我常用它來舉行儀式，當我施展魔法時，只要召喚能量就好，這個我稍後會在章節中再詳細討論。

用觀想的方式創建陣法

如果你不想選用任何有形的物品，你可以用想像的方式創建陣法，畫出無形的界線。

以這種方式創造陣法，是用某種可以讓你從身體延伸出去指引畫線的物品，例如魔法棒、水晶或刀子。基本上來說，你是使用某種神祕的繪畫鉛筆。如果你使用刀子，這把刀不能用來切任何有形物質，只能當作儀式的用途。如果想到刀子、匕首或長劍會讓你產生任何不舒服的感覺，那就不要使用它。而且記住，這把刀可以是一把鈍刀，因為它只需要用來導引能量。

我有一位朋友用一把很漂亮的拆信刀來創造魔法的陣法，有人可能會覺得很好笑，但她用這把拆信刀做了一些很棒的魔法工作，就算拿蘭斯洛特爵士的寶劍跟她交換，她也不願意換！你也可以試著使用長條形的水晶，或將水晶固定在一根棒子上或一根銅管上（銅管是一種導體），製作你自己的魔法棒。

如果你覺得找工具（例如劍）來指引能量讓你覺得不舒服，那就伸出手臂來畫陣法。比出你的食指和中指來導引能量，畫出想像的隱形陣法。

你也可以合併兩種不同的方法，用觀想創造出一個圓圈，然後用像鹽巴或石頭之類的有形物質來創建內層的陣法。或者，用實質的物件來創建圓圈，用觀想來畫內層的陣法。

有很多不同類型的工具可以幫你創造出隱形的結界。如果你決定要使用工具，而不是伸出的手臂，那就要把這些工具放在一個安全的地方，一個讓你保持恭敬莊嚴的地方。如果你喜歡的話，在你使用工具之前，先用元素水祝福它，或放在滿月的月光下吸收能量並淨化。

如何創建陣法

當你決定好要使用哪種物品來創建你的陣法後，你可以開始創造圓圈、三角形或方形。將你的魔法儀式需要的所有器具和強化物放在附近，一切都要事先做好規劃，開始前都要先想好。當你製作好陣法之後，最好不要因為忘了某個東西而離開圈子。如果你要坐在椅子上，椅子就應該事先放在你要創建陣法的地方。如果你使用器具或強化物品，這些東西應該放在桌子上或放在隨後要製作陣法的地面上。

☾ 白光防護

在你創建陣法之前，先運用「白光」防護法，觀想你的四周有一團保護你的白光。這團白光會保護你不讓負能量侵入你的體內，看起來可能像一團雲、一個燈塔的光、一個橢圓形，或任何你感覺白光應該是什麼形象都可以。

白光應該包圍你的整個活動範圍，至少是你將要創建陣法那個區域的尺寸。例如，如果你要製作一個大約六英呎乘六英呎的方形陣法，你的白光防護罩應該要包含你全身周圍六英呎內的範圍。如果圓圈是九英呎，裡面若要坐五個人，那你的白光護罩應該要從每個人的身體往外延伸九英呎。

要接引白光防護罩時，站在你的魔法儀式地點，閉上眼睛，觀想白光從你頭頂上方流下來，最後包圍你的全身。它進入你的頭頂，慢慢的往下流到你的腳趾，再往外擴散。它應該要擴散到陣法的最外緣，如果跟別人一起做時，他們都應該使用這個白光防護法來保護自己。

☾ 畫陣法

接下來，朝你最後要舉行魔法儀式的方向站立，以順時針方向進行，每

次要創造陣法時都要先做一個圓圈。然後也是以順時鐘方向製造三角形或正方形、撒鹽巴、擺放石頭或你選擇製作陣法的任何物品，直到你畫出完整的陣法，同時回到起點為止。如果陣法不是很完美，不用擔心，可能有一兩個地方線條歪了點，但這不會有影響。選一個人當施法者（製作陣法的人）或引導員，其他人則各自找地方或站或坐，直到陣法完成為止。要示意陣法已經完成時，請每個人提升這個空間的能量，此時會念誦某個文句表示這個程序已經完成。

當你唸下列的句子時，保持站姿，舉起雙臂，手掌向上，彷彿要將地上的能量往上托起來那樣。

說「這個_____（填上圓圈、三角形或正方形）以全知的眼睛施法，能帶來力量，願能量升起。」如果你想縮短句子的話，只要說「願能量升起。」

這個時候你可以坐下，按照指示開始你的魔法儀式。

☽ 在你需要離開時，打開和關閉陣法

如果因為某些原因，在魔法儀式結束之前，你不得不離開陣法，那你必須製造一個隱形的出入口讓你離開。不管你是用石頭還是魔法棒，都應該製造一個出入口才能離開。舉例來說，如果使用貝殼製作圓圈陣法，站著伸出右手的食指和中指（像在祝福的樣子），在貝殼的上方以你覺得舒服的高度和足以讓你通過的大小寬度畫出一個出入口。

你已經做出一個隱形的門後，就從貝殼上方跨過去離開。

不要踩到任何你用來製作陣法的東西——每次都要從上方跨過去。走到外面之後，立刻以同樣的方式把圈子關起來。當你要再次進入，回到圈子內時，以同樣的方式打開和關上圈子。

這個動作應該只會花幾秒鐘，因為只要揮一下手臂就能製造出隱形的出

入口。

　　雖然不建議你在中途離開，但這種事情難免會發生。有時候我們忘了拿點蠟燭的打火機或是忘了拿寫好的咒語等等。或者門鈴響了，我們別無選擇，只能去開門。然而，如果你離開超過十分鐘的話，你這個區域的能量會消失，你應該重新開始。記住，你是這個陣法的能量之一，你不在這裡的話，它無法呼吸太久。如果發生這種事，也不會有什麼壞處，就像壁爐裡的木柴燒完了那樣，它只是自然消散了。

☾ 結束時解除你的陣法

　　每件事情完成後都需要關閉起來，陣法也一樣。當你完成魔法儀式之後，你必須解除這個陣法的能量。要做到這點，舉起雙臂，手掌向下朝向你的肩膀上方（好像準備要跳水的樣子），以溫和推壓的動作，慢慢放低你的手臂，觀想能量向下回到地底。

　　說「能量解除了」或是像這類的結束字句，「完畢」或「結束」。

圓圈

　　圓圈是最重要的陣法，因此其他所有的陣法都是在圓圈內才能施展。這是有原因的，因為這樣才會成功！它能完成任何魔法的需要，以美麗卓越的方式達成必要的工作。

　　它提供防護罩，也是一個能聯繫你所知的上帝、天神／女神、宇宙生命力能量、指導靈、天使或揚升大師的地方。它也適合純粹當作平衡和接收靈性或來自你內在自我訊息的地方，不需要使用任何咒語。有時候我不為任何理由製作了一個圈子，只是想坐下來放鬆一下，不是要釋放任何能量或汲取任何能量。我不想要給或取……我只想「單純坐在那裡」。

（請在本書的 P.181 找「用於任何目的的魔法儀式」。）

注意：當你有疑慮不知道該用哪一種陣法時，那就使用圓圈陣法。

圓圈代表：圓滿、宇宙的生命力、力量、成就、平衡和情緒。

單人定位：坐在圓圈中央，面對魔法建議的方向，或是你覺得舒適的方向。

團體定位：一定要朝圈子內，面向彼此。如果只有兩個人，那就兩人面對面。如果有三個人，就在圈子裡成三角形定位，你們自己決定誰要坐在哪個位置。四人或四人以上，每個羅經方位點坐一個人，其他人填入中間的位置。如果人數允許的話，可一男一女穿插著坐。沒有任何人可以坐在正中間，背對其他人。引導人或是團體領導的位置也應該跟其他人一樣。

———— ❦ ————

三角形

金字塔是三角形，身心靈是三個一組，基督教的三位一體是「聖父、聖子和聖靈」。在不同的信仰系統中，月亮的三個月相是女神的三種面貌：「少女、母親和老婦」。少女是漸盈月，母親是滿月，老婦是漸虧月。

我們能看到從古代文化到現代的象徵學中，三這個數字的力量。三代表多數和豐富的意思。

古希臘的數學家畢達哥拉斯（Pythagoras）說，三是一個完美的數字……有開始、中間和結束。

在神話學中，與一組三位有關的神被稱為三合一神（triad），例如神話中的三聯神、三相神等。

在日常的對話中，我們也會自己組成三合一的字串，使用這類的字串：動物、植物、礦物——土地、空氣和大海——寬度、深度和高度——這裡有說不完的例子。三真的是一個神祕的數字，運用在魔法時，它的力量很強

大。

三角形代表：自我創意表達和藝術追求、靈性、力量和高級能量、通靈力、靈體出遊和占卜。

單人定位：坐在三角型的基座，面對魔法建議的方向，或是你覺得舒適的方向。

團體定位：一定要朝圈子內，面向彼此。如果有兩個人在場，一個應該坐在三角型的基座左邊，另一個坐在右邊，讓三角形的尖點留空。如果有三個人，每個人應該坐在三角型的其中一個位點上。如果超過三個，這三個位點坐滿後，其他人選擇自己舒服的地方穿插其中。

正方形

建築物是四邊形，一張桌子有四支腳，地圖上有四個羅經方位點。所有的四代表穩定。用正方形舉行魔法儀式的力量雖然不如圓圈和三角形，然而，當你為了例如工作或事業的問題舉行魔法儀式時，用正方形最好。這是一個非常特定的陣法，我把它當成一種「嚴肅」的陣法。

如果你想要愛情，絕對不要使用正方形。雖然感情關係中也有穩定的因素，但正方形大部分都屬於事業工作。正方形是建築的上好根基，對買房子或建築有關的魔法，正方形是最理想的選擇。

如果你想讓某個想法變得穩固牢靠，這是你應該選擇的陣法。

有時候畫正方形陣法的人容易成為工作狂：很實際、效率高和組織力強。所以如果你在人生中不容易成功，或者有點偏向懶惰類型的人，正方形的能量或許能幫你達到平衡。如果你是野心很大、精力旺盛和勤奮工作，但財務卻很空虛，「運氣」似乎不太好的人，那正方形也是個好選擇。

正方形代表：穩定、工作和事業，所有跟生意有關的事、法律問題、金

錢問題和組織的事情。

　　單人定位：坐在正方形中央，面對魔法建議的方向，或是你覺得舒適的方向。

　　團體定位：一定要朝圈子內，面向彼此。如果只有兩個人，應該相對而坐，一個面向北邊，一個面向南邊。如果有三個人，在正方形內的三角點坐下。兩個坐在三角型的基座點，第三個人坐在三角型的尖角點。如果有四個人，每一個人分別坐在一個羅經方位點上，而不是四個角的位置。如果超過四個人，羅經方位點坐完後，在穿插其中，如果人數許可的話，男女穿插著坐。

　　不管你是製造圓圈、三角形、正方形陣法，或是你自己的陣法，如果你坐的時候充滿信念，具有認真的意圖和嚴肅的心態，你應該能感覺到這個區域內有不同的能量。你創造了一個自己的神祕地點，一個屬於你的獨特地點──一個別人無法佔領或複製的地方。如果你跟別人在一起，你們合力創造了一個任何團體都無法匹敵的地方。這對你們來說就是最完美的地方。

6 脆魔法檢查清單

　　這張清單是為了幫你在準備舉行本書中的任何魔法時保持良好的組織性，它會讓整個過程更加順暢。

　　把這張清單拍照存檔或是當作指引寫下你需要準備的東西。如果你要拷貝的話，我建議你多拷貝幾份，把它們放在本書的前面或後面，方便將來使用。

請不要在這一頁上寫字

＊ 檢查清單

魔法名稱		頁次
☐　蠟燭	數量：	顏色：
☐　聖餐杯或特別的玻璃杯		
☐　水晶或寶石	類型：	
☐　元素水		
☐　防火容器		
☐　香薰用品	類型：	
☐　首飾或護身符	類型：	
☐　刀子或魔法棒		
☐　火柴或打火機		
☐　音樂	類型：	
☐　紙和筆		
☐　鹽巴		
☐　葡萄酒或果汁		
☐　雜項物品		

7 找時間

　　忙碌的工作時間、答應家人的事情和社交活動使得找時間準備和舉行魔法儀式變得困難重重。有時候短暫獨處的時間最難找。如果你單身，有一個自己的居住空間，你應該不會有問題。然而，對大部分為人父母者，有一個充滿孩子和寵物的家庭，情況又完全不同了。

　　晚上的時間是最佳的選擇，也許，當家人都入睡後，你可以多花點心力在某個時間起床，比如說，凌晨兩點鐘，自己起來舉行你的魔法儀式。清晨的時候，地球上的能量較低，因為大部分人都睡覺了，混亂的能量是最低的。事實上，研究報告顯示，因為這個原因，我們在大約清晨四點鐘時，通靈力是最強的。如果你容易在半夜睡覺時因預感和直覺興起的念頭醒來的話……查看一下你的時鐘，那時很可能在清晨四點鐘左右。

　　如果你不太可能大清早起來，那你可能得在白天或晚上犧牲一些與人約會的時間來舉行魔法儀式了。舉例來說，如果你每個禮拜都會跟某個特別的朋友吃午餐，或是去上陶藝課，你可能得犧牲這個約會，利用這個時間來施展你的魔法了。

　　本來花半小時準備家人的餐點，這時可改叫外賣或用微波爐加熱冷凍食品。一般的魔法儀式大約花三十分鐘到一個小時，看你想做得多複雜，還有你想花多少時間靜坐冥想和完成魔法儀式後想花多少時間回顧反思。做任何事情都不要太匆忙，施行魔法不像趕著去超市匆匆忙忙地買東西，以最快的速度準備食物，只是為了填飽肚子。這是一種神祕的、魔法的、靈性的儀式，你可能會因此獲得超越你想像的好結果，像這樣的好運氣是不能趕的。

　　我最近做了一個安排，準備跟一位朋友在下週舉行一個魔法儀式。結果他卻出乎意料的突然送東西到我家，然後問道：「既然我人在這裡了，我們能不能花個十分鐘做那個魔法？」他一點都不了解這個過程。你必須慢慢的累積能量到舉行魔法儀式的當天。這種期待和準備都是創造你想要的事物並將它變成結果的其中一個過程。

　　部分的力量來自於培養上升的能量，當你做好決定要舉行哪一種類型的魔法儀式時，這個過程就開始了。

　　若有必要的話，請一位保母或找一個朋友幫你照顧小孩或寵物一段時間——做這樣的努力是值得的。有人還會為了舉行一個魔法儀式而跟公司請

假。

　　如果你沒去上班，我不保證你失去的金錢會因使用一個魔法而賺回來，但如果你對這件事情很認真，你就會找時間去做。我見過有人租汽車旅館房間，就為了離開個人的生活環境，不被旁人打擾。如果你別無選擇的話，也可以問問朋友，看他們能不能把他們家借你一個小時左右，這樣趁他們去逛街的時候，你就可以舉行魔法儀式。

　　你會有辦法找到時間的。

　　你的情況可能沒辦法關掉手機或電話，找到完全安靜的時間。如果是這種情形，你一定要多使用右腦來運用你的創造力。正如我在前面「在哪裡舉行魔法儀式」這個章節裡提到的，如果你家的衛浴是你唯一能獨處的地方，那你就只能在這裡做了。如果無論如何你只有這個選擇的話，宇宙是不會覺得受侮辱的。有時候也可以使用車庫、地下室或閣樓，除非有人找你，想知道你在幹什麼，不然應該是沒有人會去打擾你的。

8 克服困難

　　在施行魔法時，有可能會出現兩種類型的問題——一種是心理的，另一種是身體的。心理的問題來自擔心你的宗教信仰，或是害怕別人不知道會怎麼看你。在所有的宗教信仰中，一定都會有某種形式的典禮和儀式。沒有人會建議你為了舉行這類的儀式就脫離你的宗教。儀式這種行為是為了讓你的人生過得更好，以我的觀點來說，你沒有傷害任何人，也不是在欺騙人，更不是褻瀆神明。如果有神職人員告訴你，這樣不行，你這樣做違背你信仰的上帝，那就得靠你自己做選擇了。我相信你踏上這條道路只是為了向你的潛意識祈求讓某些事情發生而已。

　　我有一些好朋友和客戶奉行猶太教、天主教、佛教，什麼宗教都有，他們都在使用魔法來改善他們的生活。不過，他們不會走到鎮上的臨時表演台，對全世界宣布他們私人的活動。他們在心中明白了其中的道理，也不會為此感到罪惡或愧疚。

　　這也就是說，要不要跟別人討論這種事情由你決定，不過，如果你跟一些會嘲笑這種事的人住在一起，我就不建議你跟他們談論此事。這不是因為做這些事情有什麼不對，而是因為有些人會害怕他們不了解的事物。

　　這種玄學的事情具有爭議性。我聽到有些施行這種魔法的人碰到的最大困難是，他們的配偶或家人不贊成這種活動。有時候這些人希望你跟他們有同樣的看法，不想要你去實驗和嘗試不同的事情。碰到這種狀況不太容易處理，我曾見過人因為奉行這種玄學的信仰而離婚的。可以運用一般常識去處理，正如人們常說的：「讓你的良心來引導你。」

　　信仰系統和生活方式是屬於個人的，在同一張地圖上找不到兩條通往同一個目的地的道路，因此，尊重別人的觀點，不要試圖說服別人改變他們的信念，轉而相信你的哲理。對你個人的靈魂探索保持沉默，尋找其他能讓你創造一個成功和圓滿人生的方法。何必大肆宣揚這種事情呢？

　　我們都有權利去探究新的興趣，如果你身邊的人不同意，你也許要考慮到別的地方去舉行你的魔法儀式，或是對你做的事情保持隱密。最重要的是，不要去做傷害別人肉體、心理、情緒或靈性層面的事情。

　　以前我在亞利桑那州塞多納市（Sedona, Arizona）租屋時，我遇到一位住在同一條巷子的七十幾歲老太太。她是個很親切迷人的女士，我們很快就成了朋友。我告訴她說，我是個作家，她問我寫什麼書。當時我正在寫一本關於祈禱和精神力量的書。我總結這個題目，說我在寫一本關於靈性的書籍，事實上，這也是事實。不過，我並沒有透露，我是第三代的靈媒或我相信玄學這種事情。

　　當我們開車經過塞多納漩渦時，她開始談論她所謂的「新時代（New age）」事物，以這個定義來說，我絕對是她形容的這種人。我很喜歡她，所以沒有做出任何評論，也沒有捍衛新時代的想法。

　　我感覺這樣最好，我發表評論能證明什麼？又能得到什麼結果呢？我並沒有說謊，我只是選擇不予置評，既不說好也不說壞。我最大的優點就是知道何時可以跟哪些人討論哪些事，何時不要討論。我不希望別人說服我相信他們的信仰是最好的，而且除非別人問我和表示感興趣，否則我也不會跟別人討論我的信仰。

　　不管怎麼樣，盡量謹慎對待這種敏感話題。如果你住在一個會看不起施展魔法這種事情的家庭中，那就敏銳觀察情況，尊重別人。以有格調的方式處理這種情況，並向別人展示，你跟他們不一樣，不會像他們評判你那樣的評判他們。

　　如果你對使用魔法開始覺得不自在，這不值得你犧牲內心的平靜，我會建議立刻停止。如果你喜歡這種想法、儀式和結果，請繼續做下去。只要你不傷害別人，你可以盡量忠實自己。如果這些魔法為你帶來好處，你可能會想跟志同道合的人分享它。

　　當你使用魔法時，另一個你可能需要克服的困難是，如何在物質層面讓事情更成功。如果你住的地方很小，認為你沒辦法創造一個圓圈，因為衣櫃或床擋住了你，這也不是問題，你可以在任何障礙物上方創造陣法。當然，你得使用觀想法的技巧來創造陣法，而不是使用像鹽巴之類這種有形的東西了。在某些地方你可能可以使用蠟燭或其他物品，但改用別的方式，你會驚訝的發現自己能完成的事情蠻多的。

　　當你在戶外舉行魔法儀式時，天氣也是一個問題。我在堪薩斯市演講時，有人對我提出一個問題。下雨時可以在戶外舉行魔法儀式嗎？

　　我的答案呢？如果沒有閃電，為什麼不行呢？如果你想在微雨飄落的時

候坐在戶外，你可以把它當作在為你的魔法添加水元素，增添了額外的能量。有人可能會把雨水當作一種淨化和清潔的方式。

對我來說，下雨時坐在椅子上或坐在地上努力集中注意力時，如果淋雨不太能讓我感到平靜，我寧願進屋去，或將整個計劃改期。這是個人喜好，你要記住的基本原則是，如果有什麼事物會打擾你專心，這樣只會徒增自己的壓力，那又何必呢？

關於寵物：舉行儀式時，不是每個人都有單獨的房間可以放寵物。你可能會覺得在舉行魔法儀式時把寵物關起來是不對的。有時候動物會抓東西、吠叫，或做牠們不高興時會做的動作來跟你抗議。如果你的寵物是安靜型，會靜靜地坐在一旁，你覺得你想要這個安靜的寵物成為你儀式的一部分，那就讓牠們加入。最重要的是，如果有動物在你身旁會比跑來跑去，在你的陣法中進進出出容易的話，那還是讓牠待在陣法內比較好。

你可以將你最喜歡的寵物取代一個人的位置嗎？這樣是不是就有一個團體儀式了？不，除非牠瞭解這個儀式是要做什麼的，而且能專心去想同樣的意圖。

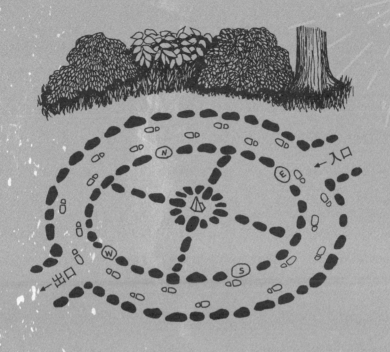

9 創建和行走月光圈

　　月光圈是一個能接收關於你未來訊息的地方。你可以為自己或跟別人一起建造一個月光圈。你可以用貝殼、岩石、石頭、磚塊、松果或任何你選擇的物品來建造。建造一個月光圈的理由是，能量在持續轉動的圓圈內會更快出現，創造一個能讓你隨時接通未來的振動頻率。這個圈子分成四個主要的方向，每一個方向都有特殊的意義和洞見。

　　月光圈能提供一個讓心誠的人可以解決問題的地方，讓人能更加了解某個情況，同時也能預知未來的事件。在月光圈中，你可以吸引宇宙生命力能量，接收訊息，預防不和諧的事物進入你的生命中。它就像一面魔法的鏡子，能讓你看見未來。

　　美國原住民傳統教我們使用醫藥輪（Medicine wheel），基本上有一些相似之處，但卻極為不同。我非常尊重醫藥輪，感覺它是療癒和平衡的強大工具，然而，不應該將這兩種東西混為一談——醫藥輪比較複雜，需要對美國原住民的信仰有更深入的了解。

如何建造月光圈

　　你可以做一個臨時的月光圈，如果你住的地方有寬敞的土地，也可以做一個永久固定的月光圈。如果你有能力在戶外的大自然中製作月光圈的話，你會跟大地取得額外的聯繫。然而，如果你沒有這個機會，你也可以在你的客廳或另一個合適的室內空間建一個月光圈。

　　選擇你要建造月光圈的地點，可以只是一個讓你「感覺良好」的地方，你可以用某種石頭或標示物標出四個羅經方位點——東、西、南、北。接下來在中央製造第二個小圈子包圍你的水晶、石頭之類的東西。中央的圈子是能量的中心點，你也可以製造第三個最大的圈子，這個包圍兩個內圈的大圈子能提供一個環繞內圈的走道，將能量保留在那裡。按照第 61 頁的圖示指示，記得要在東邊留一個入口或開口，讓你進入，在西邊留一個出口，讓你離開。

　　若是要製造臨時的月光圈，你需要用到五顆石子、水晶、貝殼、磚塊或是你手上可用來標示這個地點的任何東西。

　　首先，在每一個羅經方位點上各放一顆石子，一顆放在中央。雖然這個

看起來可能會像十字架，但你一定要觀想有一個乙太的圈子連結外面的這些石子。

在你心中記住這個圈子的大小，如果你打算獨自施展魔法，一個小圈子就可以了。如果你打算跟某人或其他人一起施展，那你就需要製造足以容納所有參與者的大圈子。同時你也要考慮到你們怎麼安排座位的問題。不是每個人都能盤腿坐下或自在的活動。若有必要的話，可以實際點，在你開始舉行儀式之前，在圈子內放幾張椅子、凳子或坐墊。在戶外時，我有時會使用大型的原木塊當作椅子。

如何繞月光圈行走

當你的月光圈建好之後，從東邊進入月光圈，因為這是太陽升起的方向，這個方向能打開所有的通道。你將從西邊出去，因為這是太陽下山的方向。如果使用三個圈子的構圖，那你應該已經製造了一個能通過的出入口。

接下來，你應該淨化自己和這個圈子。你可能會想使用白鼠尾草做的煙燻棒作為淨化的方式。在大部分的健康食品店或新時代商店都能買到白鼠尾草煙燻棒。點燃鼠尾草煙燻棒，熄火後讓它冒煙。當它開始冒煙時，在你身體的前後和四周移動，當作清洗的方式，你是用煙來沐浴自己。如果有其他的參與者，也要為他們煙燻，讓煙在他們四周環繞一圈。有人會使用散裝的鼠尾草，放在貝殼上點燃，用羽毛來吹散煙霧。然而，使用鼠尾草棒通常很容易，因為它不需要使用其他的工具。然後以同樣的方式煙燻這個圈子，讓煙霧瀰漫整個圈子，消除負能量。

如果你沒有鼠尾草，或者不想用煙燻法，只要用手在圈子上方做掃除的動作，觀想任何殘留的負能量離開這個圈子。要淨化自己，可在身前甩動雙手，好像要將負能量趕出你的身體那樣。這是一種快速又簡單的方式，不

過，若有可能的話，我還是會建議使用煙燻棒。

　　現在你已經準備好要行走月光圈了。從東邊開始，以順時鐘方向至少走三圈。需要繞三圈才能引起這個圈子的能量，因為三這個數字是多數的意思。如果走了三圈之後，你感覺到圈子裡的能量沒有變化，那就繼續走到你感覺可以之後再停下來。

　　如果有其他人跟著你，他們應該繼續跟著走。當你要停下來時，在你要領導儀式的地點停下並坐下。

　　有其他人一起舉行儀式時，他們可能會選擇在同一個方向停下來，或繼續走到他們被指定的特別地點坐下。有人可能會選擇跟你面對同一個方向，有人可能會坐在與你相對的位置，因為那是他們被指定的位置。這沒有對與錯，跟別人共享一個地點不會將能量從你這裡帶走，也不會減少你接收到的訊息。

　　你坐著時可以手掌朝上呈現接收的姿勢，或者你也可能想要交握雙手，以一種克制的態度集中注意力。有人覺得冥想或與宇宙力量合一時，交握雙手或盤腿的姿勢不好。這兩種方式我都做過，我認為你的舒適與否最重要，因為你需要為這個特別的儀式保持放鬆和舒適的姿態。

　　一定要面向圈子內，朝向中央力量點坐下。換句話說，你可能是坐在北邊的方位點，但若是坐在北區，你其實是轉過來面向南方的。你收到的本來是南方的訊息卻又交叉混合了來自北方的能量。你不必知道你最後得到的是哪一個方向的訊息，因為你可以稍後再來做決定。

　　當你面對你的方向或在接收訊息的方位點坐好之後，靜下心來，放鬆自己，讓訊息來找你。如果你願意的話，可在心中默念你的問題，看看你的直覺會收到什麼答案。當你感覺已經從集體意識那裡收到你的訊息或答案後，不要著急，慢慢地站起來。

　　對自己說，或出聲說這類的話：「我感謝大地和生命能量的指引。」藉

此感謝這個圈子提供的能量。你可以編寫自己喜歡的句子,也可以簡單的直接說謝謝你,並低頭致意。認知高層的力量曾下凡來幫助和指引你,然後從太陽下山的西方離開這個圈子,這個儀式就結束了。

四個方向的意義

☽ 北方

北方會湧現出圓滿和智慧。這是一段從我們生活的艱難挑戰中獲得解放和自由的時間。這是在呼叫希望一切事物獲得平衡,它的訊息是要我們在此時此刻使用實際的解決方法和常識來尋找答案。

當我們努力向上,朝北邊的方向前進時,我們的旅程可能會變得越來越艱難,因為我們快要來到某個週期的終點。這個方向指示我們,我們已經很接近完成階段,這時不要放棄。這個方向可能會有困難,但最終的結果很值得我們做這趟旅行。

事情到了這裡會有結論,你可能覺得非常的平衡。北邊代表力量、有組織性、洞察力和公正,當你心中有疑慮時,那就朝向北邊。

☽ 南方

所有關於情緒的東西都來自南方,南方象徵一段為未來做準備的時間。這是處理情緒和心靈事務的地方。這個方位代表熱情和豐富,提醒我們要學習控制自己的身體。我們在這裡學習控制我們的自我情緒,在不傷害別人的情況下表達自己的感覺。南方也是我們學習釋放創傷和憤怒情緒的地方。

創意也來自南方,我們可以將藝術的追求和處理想像力和創造力的問題歸屬於南方。

☽ 東方

　　一日之始在於東，它代表更新、誕生和重生。在這個方向我們可以找到隨興、天真、希望和信任。當第一道曙光從東方出現時，它會提供領導力和指引。我們從東方的訊息中學到很多功課，學到要相信我們看不見、感覺不到或摸不到的東西。我們學習以更開放的心胸去接納我們不了解的事物。這是一個展開新冒險的地方，或者可能會喚醒不同的人生道路。

　　從這個方向我們也一定會體認到，為了能繼續向未來邁進，我們一定得接納和處理現在的問題。當我們完成這件事後，我們才能朝不同的方向前進。這是要完成一切事務的概念，包括愛情、事業、健康、靈性和平衡。你可能已經體驗到人生的眾多考驗，但當靈魂要你再次嘗試，或踏出新的旅程時，你會發現自己面朝東方。

☽ 西方

　　太陽在西方降落，帶來夜晚、神秘和夢；這是通往未知的出入口。西方象徵完成某個情況或某個目標。

　　它可能會建議你，現在是完成你一直在拖延的某事的時候了。西方產生力量和精力，這個羅經方位點所開的處方是決心和發展。西方告訴我們，要向自己內心尋求指引，那裡的能量更平靜，你的緊張程度會像太陽那樣沉落下來。我們會學著接納自我的本性，如果我們不喜歡自己發現的自我，那就要想辦法改變它。

　　如果你不想在月光圈內尋找某個特定的訊息或答案，但感覺需要連結某個特定的方向，那就在圈子內行走，下意識地在你感覺需要吸引某個方向指示的地點坐下來，透過冥想來吸收這個方向的能量。例如：如果你不知道該不該去應徵某個新工作，那就朝東方坐下來，專心冥想。

　　注意不要朝北方羅經方位點冥想太久，因為它就像冬天，你可能會失去
自己的暖意。請適度的使用所有的方向。

Part *II*

創造魔法氛圍

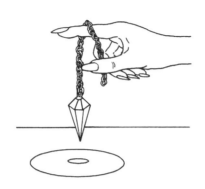

一個成功的魔法最重要的莫過於創造正確的氛圍，同時具有啟發性和令人放鬆的心情。有些加強這種氛圍的想法和魔法器具就像魔法的零件那樣不可或缺，有些則是選擇性可有可無的。每一種魔法說明都會註明哪些是必要的，哪些是非必要的東西。你不用一次嘗試完所有的點子──只要實驗看看就好。

10 魔法強化物

食物和飲料

　　簡單三個字：少一點！不推薦舉行魔法儀式時吃得太飽。份量多的餐食會讓你打瞌睡或不舒服。若可以的話，舉行魔法儀式當天避免吃肉，盡可能多吃蔬菜水果。吃魚是不錯的選擇，但要用烤的，不要用油炸的，也不要加太多醬料。吃完後至少要等兩個小時再開始你的魔法儀式。

　　盡量避免咖啡因或碳水化合物飲料；蒸餾水或純水是最佳的選擇，因為它已經去除了雜質。一杯不含咖啡因的香草茶能讓人放鬆和紓解壓力。試著泡一杯洋甘菊和百香果花茶（又稱西番蓮）。雖然有些魔法會在舉行儀式時喝一點葡萄酒或果汁，但不要喝太多。

服裝

　　這個也跟食物和飲料一樣，可用三個簡單的詞語為原則：自然、寬鬆和乾淨。百分之百純棉衣物是明智的選擇。一件白色薄紗衣物感覺不拘束，又能給人乾淨和純潔的感覺。有些人喜歡花點時間為特別的魔法儀式尋找特定顏色的衣服，可以使用跟蠟燭顏色列表（請看第 77 頁）同樣顏色的衣服。

　　如果你沒有棉製衣物，請選擇接近棉製的，像是混棉的衣服。舒適最重要：緊身牛仔褲和皮帶無法讓你的身體放鬆。然而，如果這是你擁有的最舒適的衣服，那就穿牛仔褲好了──大部分的牛仔褲都是百分之百純棉的。如果你在一個私密的地方，你可能會想要穿睡袍、浴袍或寬鬆的 T 恤。你甚至可能會想裸體，你想怎麼選擇都可以。在你穿這套衣服之前，花點時間泡澡或沖澡，有個清爽和乾淨的開始。在你沖澡或泡澡的時候，想著把你身上所有的負能量都洗乾淨。泡澡是個很棒的點子，尤其是使用音樂和蠟燭的時候泡澡更好。

如果你要做團體魔法儀式，在離家出門前或在其他人到來之前泡澡或沖澡。如果你沒辦法沖澡，至少要洗手和洗臉，如果可以洗腳的話會更好。如果你沒辦法找到水，那就甩甩手，觀想負能量已經被清除。

音樂

音樂有創造寧靜氛圍的能力——前提是對的音樂。

既然你已經在讀這本書了，我應該可以說，你很可能是喜歡尋求寧靜和喜樂的人，很可能已經擁有能放鬆靜心的音樂。慢板的古典樂或新世紀音樂（New Age music）似乎是最受歡迎的選擇，鼓樂和吟誦的唱片也可以考慮。在大部分的百貨公司或音樂行都能找到提供柔和背景音樂的大自然環境錄音。

買了任何一種新的錄音帶或 CD 之後，用它做魔法儀式的音樂之前一定要全部先聽一遍。也許前面兩首曲子很理想，可是如果第三段提高了三十分貝，或者有隻狼開始嚎叫，這可能會破壞你調整好的心境。

如果你有時間，那就去當地的音樂行或新時代商店，大部分的店面都會提供耳機和示範帶，讓你在買之前試聽。你所選擇的音樂長度應該要足夠讓你做完整個魔法儀式。

在儀式半途中音樂突然停掉也會打斷你的情緒，如果你別無選擇，就翻面重播一次，至少你的播放機應該離你很近，這樣你才不必離開魔法儀式的區域。音樂是靈魂的聲音：如果你可以在儀式中加入音樂的話，一切都會變得更好。

11 魔法器具

　　任何用在儀式中的有形物品，只要它對你具有特殊的意義都可視為魔法器具。大腦中負責創造力的部分是以符號來運作的，所以使用符號當作舉行創意魔法的方式是合理的。你很可能已經擁有魔法器具，只是不認得它們。有可能是一張你最喜歡、光是看著它就讓你「感覺很好」的圖片，或小時候一位親戚送你的特殊硬幣，或是你擁有了很多年的最心愛的筆。

蠟燭

　　蠟燭能將光明帶進我們的生活中——包括字義上和象徵性的涵義。它們能驅逐黑暗，讓新的企劃、思想和人際關係出現。在魔法儀式前點蠟燭能創造出強大的能量。

　　蠟燭也代表我們存在的三個層面。蠟對應我們的肉身，燭芯代表我們的心智，火焰代表我們的靈魂或靈性。

　　蠟燭有很多種顏色、形狀和尺寸。有的有添加香味，有的無香味。對我們的用途來說，形狀和香味（或是無香味）並不重要，不過要考慮蠟燭的大小，如果你認為你的魔法儀式需要花一個小時，那就不要點一支只能燃燒三十分鐘的蠟燭。

　　顏色對燃燒什麼樣的蠟燭具有很重要的意義，不同的顏色代表不同的振動頻率。當蠟燭燃燒時，它會散發那個顏色的振動頻率。請參考顏色圖表來確定哪種顏色最適合你的需要，你可能只要使用一支蠟燭或需要搭配不同的蠟燭。

　　如果你手中沒有理想顏色的蠟燭，那就用白色。燃燒白色蠟燭時，把注意力放在煙霧上，當它開始冒煙時，會清除這個區域的負能量。等煙霧消散後，這個區域的能量就已經獲得清理和淨化了。

　　購買太便宜的白蠟燭時要小心，便宜的白蠟燭很容易冒煙，會讓你感到困惑。然而，我也不建議太極端的去買最高級的蠟燭，用一般常識適度的購買即可。使用蠟燭時，一定要小心謹慎，不要在無人照看時任由蠟燭自行燃燒。

✳ 蠟燭顏色的說明

蠟燭顏色	相關的能量
白色	純潔、力量、新奇、咒語、療癒、安詳和通靈力。白色會強化搭配使用的任何顏色蠟蠋的效果。
黑色	消除負能量；不是邪惡或負面的顏色。 釋放和驅逐。
藍色	祥和、寧靜、保護、忠貞、靈體出遊。
褐色	保護家庭；傳心術、穩定。
銀色	化解負能量或負面的勢力。
綠色	興旺、錢財、成功、消除嫉妒、野心。
橘色	為工作或其他事情提供所需的額外能量；促進秩序、控制自我。
粉紅色	愛、友情、浪漫、感情、付出。
紫色	直覺力、追求通靈力、力量和獨立、智慧。
紅色	生殖、體力、性慾激情、勇氣。
黃色	健康喜樂、自信、吸引力、魅力、行動。

正如先前提過的，這個圖表也能用來當作選擇衣服的指南。

香薰和香氣

以我的經驗來說，有些人很愛香薰，有些人則非常反感。

香薰用品也有不同的尺寸、形狀和形式。有些類型的香薰用品已經標示名稱，註明了他們期望達到的效果：有紓解壓力的香品、提振精力的香品、催情香品，諸如此類的。

有人比較偏愛燃燒乾燥香藥草或精油。在常見的儀式中使用香薰的其中一個目的是盡可能讓你進入一種最寧靜祥和的意識狀態。如果鼠尾草或檀香

健康

月桂葉
康乃馨
雪松
尤加利樹
杜松
薰衣草
檸檬香蜂草
沒藥
松樹
鼠尾草
檀香
百里香

愛情

蘋果
麝香
玫瑰
龍涎香
羅勒
肉桂
洋甘菊
龍血樹脂
茉莉
檸檬草
廣藿香
胡椒薄荷

事業／工作

香草
多香果
丁香
肉豆蔻
松樹
紫藤
香水草
雲杉
鼠尾草
薄荷
忍冬
雪松
月桂果

女性的問題

麝香
柳橙
風信子
沒藥
松樹
玫瑰

男性的問題

麝香
雪松
茉莉

靈性

乳香
香水草
茉莉
甜茅草
梔子花
松樹
鼠尾草
紫羅蘭
檀香
玫瑰

的味道能讓你平靜，那就使用它。但如果你的鼻寶不喜歡，那就尊重你的鼻子。

不要讓別人幫你決定哪種香味最適合你。舉例來說，根據研究顯示，柑橘類的香氣能提振精神，紫丁香的味道能讓我們平靜。但不要因為標籤上寫「適合催情的香品」就強迫自己吸入你不喜歡的香味，一定要買你喜歡的東西。

多實驗幾種新的香味也很有趣，大部分的香品都不貴，有時候是算幾支來販賣的。其中一件要注意的事情是：如果你要在室內或在小型空間舉行魔法儀式時，在實際使用香品前最好先試用一下新購買的香品。否則，你可能得忍受你不喜歡的味道好幾個小時，說不定甚至好幾天。香薰的味道要一陣子才會散掉，也可能在空氣中留存很長一段時間。

左頁推薦幾種你可能會想嘗試，能對應特定魔法工作的香味和香草。記住：這些只是建議而已，並不是必要的。

水晶和寶石

水晶為我們的石英錶帶來生命，它們會接收和傳送無線電波。沒有石英水晶，電腦時代永遠不會來臨：石英水晶是構成電路和電子晶片的組件。

水晶的力量遠超過我們藉由它所創造出來的產品，它是魔法的重要工具，能夠聚集和傳導能量給特定的念力意圖。有人說水晶對身、心、靈具有療癒的力量。

很多其他的寶石也具有協助魔法的特殊能量。我在下面列出幾種作為簡要的參考，但這是一個可以讓人深度探索的廣大領域，如果你想了解更多，你的當地的書店或圖書館裡一定能找到很多關於這個主題的書籍。

☽ 寶石屬性

關於水晶有個特別的註解：在天然產品店、寶石店和大多數的新時代商店都能買到原始或雕琢過的寶石和水晶。你不需要花很多錢去買水晶，剛開始可以買小塊的，當你覺得有必要的時候再去買大尺寸的。如果你不確定哪一種寶石最能強化你的魔法，那就用白水晶。

· 白水晶（Clear quartz crystal）──刺激療癒、平衡各種能讓我們圓滿和完整的元素。協助發展通靈力。

· 紫水晶（Amethyst）──一種非常強大的魔法水晶。多年來有很多靈媒和治療師都會用它的療癒屬性來治病。對消除憤怒和焦慮很有幫助，能讓人感覺心思比較不會散漫雜亂。

· 紅玉髓（Carnelian）──經常被稱為幸運之石，據說能淨化血液、刺激性慾和協助性功能。

· 青金石（Lapis lazuli）──能將愛吸引到我們身邊。據說它對治療頭痛、高血壓、憂鬱症、失眠和諸如此類的疾病很管用。

· 孔雀石（Malachite）──增加能量，跟改變和創造力有關。埃及人將孔雀石磨成粉當作眼影擦在眼瞼上，防止惡魔之眼（evil eye）的傷害。

· 月光石（Moonstone）──據說它是魔法石，能增加通靈力，在魔法儀式中被廣泛使用。使用月光石也能促進靈體出竅。

· 粉水晶（Rose quartz）──也是俗稱的愛情水晶。這種水晶能處理所有情緒的能量。

· 綠松石（Turquoise）──增強體力、提供保護。它是美國原住民的聖石，是一種保護馬匹和騎士的寶石。在阿拉伯，它是冥想寶石，具有吸收負能量的屬性。

當你購買時，請在店裡仔細的觸摸水晶。水晶／寶石會選擇你，不是你選擇它。你可能只是覺得擁有別人沒有的東西「感覺很好」。請用你的直覺去選擇，寶石會跟你溝通。

☾ 為你的水晶補充能量

當你找到你的水晶之後，它需要「清除、補充能量和設定」。用冷水清洗或將它泡在一碗水中，以便清除前一位擁有者的能量，或是別人檢視它時所留下的能量。

接下來，用月亮來為你的水晶補充能量。在下列的其中一個月相出現時，讓水晶放在月光下一個晚上。

‧新月──在這個月相中補充能量的水晶主要能提供新的開始、自信、希望和增加任何事物的能量。

‧滿月──在這個月相中補充能量的水晶所帶來的能量能支持你達成你想要的任何事情。這其實是最適合我們利用的全方位月相。

當你為你的水晶淨化和補充能量後，最後一個步驟是設定它。把它握在你的手裡，將你想要完成的目標的振動能量集中投射到水晶上。觀想你的終極目標，而不是想著你要達成目標的方式。

舉例來說：如果你想減掉二十磅的體重，就觀想你自己瘦了二十磅站在體重機上的樣子。不要嘗試去分析怎麼達到這個目標的方式，這個問題最好留給你的高層力量去解決。

如果你希望的話，你可以設定其他任何一種寶石。

元素水

在本書的許多魔法中，你會看到需要使用我說的元素水的地方。元素水基本上就是在大雷雨中補充了大自然能量的水，能幫助你使用魔法。

它代表地、水、火、風四大元素，混合了各種元素最強大的效力。閃電代表火，它對應力量、能量、魔法和強烈的慾望。雷代表風，對應靈性、健康和知識。暴風雨的力量代表地，對應大自然、接地能量、智慧和所有物質的東西。雨本身代表水，對應情緒、反思、愛、創意和淨化。

☽ 如何製作元素水

基本上你是帶著某種意圖去收集雨水，首先你需要裝水的容器。我使用過玻璃、塑膠、陶瓷，幾乎任何一種材質的容器都可以使用，我覺得沒什麼差別。你可能覺得用天然製品的容器會比較好，或者你感覺特別的東西會更有效果。如果你的想法是這樣，那就去找特別的容器，我個人會使用兩或三個聖餐杯。

最重要的是，這個容器必須是全新的或是非常乾淨，如果是玻璃製品，必須在洗碗機裡高溫消毒過或用開水煮過。就算這個容器是全新的，還是要清潔它，消除碰過它的人所留下的能量。因為大雷雨並不常見，所以我建議盡可能多收集一點水，這樣你手邊隨時都會有可用的元素水。

如果你知道有暴風雷雨快要來了，就把你的容器拿出去，放在一個能收集到水的地方。有些人為了以防萬一，會把容器一直放在戶外，有些人只在幾乎肯定會有暴風雨來臨時才把容器拿出去。

暴風雷雨過去，你收集到水之後，應該施展「手祝福法」。把雙手放在容器上方，手掌朝下說道：「祝福這些水，願它能強化我的意圖。」

現在，如果你不是要立刻使用它，那就把你的元素水裝進實用的容器中

方便日後使用。有蓋子的玻璃罐或塑膠水壺或瓶子是不錯的選擇。

這種水不限於儀式中使用，也可以用來祝福某些東西。你可隨意將水裝到較小的瓶子中，方便出門時使用，甚至送一小瓶給朋友。對志同道合的朋友來說，這是個完美的禮物，因為它來自大自然，而且你已經將你個人的良好的心念和祝福的能量灌輸進去了。

節日將近時，我常會將元素水放進小塑膠瓶裡，貼上寫「元素水」的小標籤。然後在瓶頸處綁條緞帶，把它們送給特別的朋友，萬一他們想要祝福某些東西時就有元素水可使用。我曾用我的元素水來祝福我的車子、電腦、辦公室、住家和隔壁鄰居的車子呢！

請在本書的雜項魔法區尋找「元素水祝福法」（參考「旅途平安」魔法），這是一種簡短又強大的祝福儀式。

☽ 特別備註

・只有在下雨、閃電和打雷的情況下收集到的元素水才會有強大的力量，一般的雨水沒有用。

・不要使用流經屋簷槽溝的水！當你想要快速收集大量的雨水時，可能會覺得這是最簡易的解決辦法。然而，經由屋簷槽溝流下來的雨水並不像直接從天上掉下來的水那麼純淨，因為它會沾染到垃圾雜質。

・當你收集水時，不要擔心汙染的問題。你的祝福會淨化這些水。

・不要喝這種水，因為它不是給你內服的。

・如果你居住的地區無法收集到這種水，那就請一位朋友幫你收集。不過，當你拿到水之後，一定要做「手祝福法」。

・在大雷雨中行動要小心，不要在有閃電的時候出去。為了安全起見，等到雷雨過後再出去把你收集到的水搬進來。

額外的魔法器具

　　我在 PART Ⅲ 的魔法中會提到包括下列的魔法器具。請自行改用你手中現有的或對你有效的東西取代。

　　◆**魔法棒或刀子**：劍、儀式刀、拆信刀或任何一種魔法棒或長條狀水晶。任何有尖頭的、能充當指示物的東西都可以使用。你可以在新時代商店、奇幻用品店或網站商店買到那種有寶石和水晶裝飾的魔法棒。在這些店面中也能買到雙面刃。

　　◆**燒東西的容器**：鐵鍋、迷你型墨西哥式的小火爐、菸灰缸、鐵製的垃圾桶、大汽鍋等等。

　　任何能在安全的範圍內燃燒一張紙的容器都可以。

　　◆**特別的飲料杯**：任何能裝葡萄酒或葡萄汁的容器：玻璃酒杯、杯子、碗、聖餐杯或你喜愛的高腳杯都可以。

◆非必要的器具：

‧花和水果

‧宗教雕像或聖卡

‧塔羅牌或盧恩符文（或其他占卜未來的器具；占卜用的通靈方式）

‧靈擺（在第 18 章中可以找到關於如何使用靈擺做決定的資訊。）

‧五角星圈或五角星符號（五角星圈是有五個尖角的星星，外面有一個圓圈環繞它。五角星符號是同樣的五角星，但沒有圓圈。這個圖案代表地、風、火、水的元素，有時候也包含了第五元素靈性。五角星圈或五角星符號也代表人類的身體張開雙臂和雙腿時的樣子。這個符號經常在儀式進行中當作一種保護形式來使用。這個星星應該永遠擺正，顛倒擺被視為負向。）

‧十字架──任何一種都可以（十字架是世界共通的符號，代表將眾多的二元物結合成一個完整的團體。它可以代表人類張開雙臂，也代表你人生中的十字路。十字架具有很多宗教和靈性的意義。）

・鐘鈴（發出鐘鈴的聲音召喚宇宙的力量，表示儀式的開始。有些人會把鐘鈴當成一種防止惡靈接近的保護法。）

誰知道哪些東西對哪個人具有魔法和愛？但我知道，如果你有這類的東西，你應該好好收藏，用它們來協助你。

私人祭壇

擁有私人祭壇絕不是舉行魔法儀式必要的選項，但這是一個能讓你擺放魔法器具和你選擇禮拜的神像的絕佳地點。不僅可把它當作擺放特殊物品的儲物區，同時也是一個讓你祈禱、冥想和從高我那裡接收訊息的地方。

祭壇可以是任何平坦的地方，可以是單獨一張小桌子或你衣櫃的任何地方。大型音響喇叭上、書櫃或是在兩個水泥磚塊上面放一塊木板也可以。再次重複，你可以動動腦筋自己創造。

也許你並不想要一個固定的祭壇，而是在你想做魔法儀式時再設立一個臨時的祭壇。典型的祭壇通常會陳列蠟燭、香薰物品、魔法棒、刀子、寶石、雕像、聖餐杯、元素水或聖水之類的東西，任何具有靈性和魔法屬性，或被你當作特殊物件使用的東西都可以。我感覺設立祭壇沒什麼特別的方式，擺放物品時隨便你把東西怎麼移動，只要你感覺舒服好看就可以了。

若有可能的話，在戶外設立一個祭壇也很不錯。可以用石頭和磚塊在你喜歡的樹木附近設立祭壇。你可能想製作一張戶外用的特殊木桌，直接找一個原木塊或比較平坦的岩石可能更簡單。

當你設計祭壇時，盡量不要使用有太多金屬的桌子，天然的材料是最好的。然而，如果你唯一能選擇用來當作祭壇的桌子有很多金屬，那就盡量蓋住它。用天然的布料或在上面放一塊木板，盡量讓一切都是天然的。

　　至於祭壇面對的方向，有很多學派的說法。有人建議面向北邊，因為這是最沉穩的方向。有人會建議祭壇朝向東邊，因為它是太陽和月亮升起的方向。每個方向都有它的特殊意義和地位。因此，我覺得應該放在你覺得實用的任何地方。

　　我見過移動式的祭壇，有人在有輪子的推車上面設立祭壇，這樣他們可以在房間內將祭壇移動到他們在舉行特定的魔法儀式或冥想時感覺需要面對的方向。如果你的空間有限的話，移動式的祭壇也可以推進櫥櫃裡，免得平時阻礙你。

　　祭壇是極度私人的東西，而且也非常有趣，在祭壇上面擺放的聖物也沒有對與錯之分。

Part III

魔法

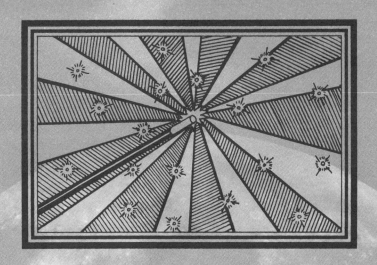

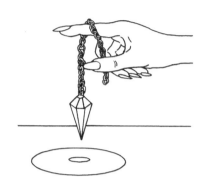

簡介

　　身為魔法奉行者，你應該以非常認真的態度來看待這些魔法。如果這些儀式在你碰到麻煩的問題時幫你解決了問題，那我分享這些東西的目的就已經達到了。記住，你的意圖必須是好的，不要在任何程度傷害自己和任何人。這些魔法儀式的技巧主要是以一般的常識和合理的努力來完成你的願望。當你祈求無形的力量幫你達到有形的結果時，請耐心點。如果經過幾次努力之後，你還是沒有達到你想要的目標，那就接受宇宙可能已為你準備了更好的結果。至少，宇宙已經感知到你了，宇宙對你的關注將會在你生命中促進正向和顯著的變化。

12 健康

當一扇幸福的門關上後，另一扇幸福的門會打開，但我們經常注視關上的門太久，而沒有看到已為我們打開的另一扇門。

——海倫·凱勒（Helen Keller）

　　好的健康魔法能讓精神產生神奇的效果，然而，這些儀式並不是為了取代傳統醫學或心理治療。應該把這些魔法當成專家建議的必要治療或健康療法的額外輔助方式。

　　心是療癒肉體的工具，這些儀式是向潛意識和肉體本身提出請求，要求它從任何可能具有的疾病中康復。

　　透過專注和決心讓心集中注意力發出指令，來自內心的指示會產生一個清晰的念頭，因而讓我們有能力創造一個進入獨特有效境界的入口──來自這個境界的療癒和正向轉變力量就能為我們所用。舉行療癒魔法或儀式就像是跟宇宙的生命力量祈求協助。

　　當魔法起作用時，所產生的可能性或許是很驚人的。你確實有能力控制自己的身體和心智。你所面對的挑戰就是要考慮新的途徑，探索可能跟以前完全不同的領域。

良好的健康

☾ 必要的強化物和魔法器具

這個魔法必要的器具包括如下描述中你為陣法選擇的所有器具。

你會需要：

・元素水──在有閃電和打雷的風雨中收集到，具有強大能量的雨水。

　（請看第 11 章如何收集元素水的指示。）

・小碗

蠟燭

你需要一支藍色蠟燭、一支紅色蠟燭和一支白色蠟燭。把這些蠟燭在你面前排成一排，左邊是藍色，中間白色，右邊是紅色。

陣法

所有的魔法儀式剛開始都應該畫一個圓圈，這是你的防護罩。如果你要使用三角形或正方形，先造一個圓圈，然後在裡面製作你的陣法。

最適合這個魔法的陣法是圓圈。請使用本書第 5 章中描述的方法創造你的陣法，用魔法棒、刀子，伸出手臂比出食指和中指來畫陣法，你也可以選擇用鹽巴或其他的東西來製作陣法。

面對的方向

如果你面向北方，這個魔法會最有效。在你的陣法中擺放好你的蠟燭和任何器具或強化物，這樣當你面向北邊坐下時，這些東西會放在你的面前。

月相

這個魔法儀式在**漸盈月**時舉行最有效，因為我們希望能增進好的健康，就像月亮在漸盈月時會逐漸增大那樣。

一週中的哪一天

這個魔法在任何一天都可以舉行。

☾ 非必要的魔法強化物

下列這些東西能為你的魔法增加深度，並且幫助自己更加專注，但這些都不是必要的，即使你沒有這些東西也可以施行魔法。

寶石

最適合這個魔法的寶石是**白水晶和紫水晶**。如果要在你的陣法中使用除了我建議的這兩種水晶以外的寶石，請將它們放在你面前。

香薰

能強化這個魔法的香品是**檸檬香蜂草**（Lemon balm）或**百里香**（Thyme）。如果你喜歡的話，將這些香品放在你陣法內一個安全的地方。然而，如果你想在準備你的魔法工作時享受這個香氣，要在陣法外開始使用

香薰也沒關係。

音樂

如果你喜歡音樂，覺得它不會讓你分心，你可能會想要播放**新世紀音樂**、**冥想樂**或**古典樂**；考慮對你的健康平衡具有舒心和協調效果的音樂，只要你覺得舒服的音樂都是最好的音樂。

☾ 在你開始魔法儀式之前

請確定不會有讓你分心的事情。

可能的話，關掉所有電話。

播放靜心的音樂。

把燈光調暗一點。

在你開始前洗手或洗澡。

如果你要香薰的話，可以先點香。

準備你需要的所有東西，放在附近拿得到的地方。

畫你的陣法。

請求你的高層力量允許將訊息傳給你。

☾ 肯定語

在正式開始你的魔法之前，先在陣法內讀誦肯定語。

我不會把任何事情視為理所當然，尤其是我的健康。當我的身、心、靈都協調一致時，我就擁有了一切。我周身環繞著健康和療癒的靈氣。願我現在體驗的最佳健康狀態持續下去。我讚賞並感謝我的高層力量將這種能量集中傳送給我。

那就這樣吧！

☽ 如何舉行魔法儀式

將手指伸進元素水中，然後碰觸你的胸口說：「我的身體是健康的。」

將手指在伸進元素水中，然後碰觸你的額頭說：「我的心是安穩的。」

最後，將手指放回元素水中，然後碰觸你的頭頂說：「我的靈魂是良好的。」

在你的心中以象徵結束儀式的聲明來做總結，像是「那就這樣吧！」「祝福」或「阿門」。這時熄滅你的蠟燭，觀想它飄離地面，穿過屋頂，進入天空，最後進入太空，消失在太空中，用這個方式來解除陣法。

儀式完成之後，可能的話，把剩下的元素水倒在戶外或拿來澆植物。不要把剩餘的元素水存起來。如果你沒辦法把水倒到戶外，那就緩緩地倒進水槽裡，讓水經過你的手，流到排水管時說：「回歸大地。」

控制怒氣

為這個魔法多準備一點時間，因為需要花時間寫東西。

☽ 必要的強化物和魔法器具

這個魔法必要的器具包括如下描述中你為陣法選擇的所有器具。

你會需要：

- 紙張
- 一支原子筆或鉛筆
- 火柴或打火機
- 燒東西的容器

蠟燭

你需要黑色的蠟燭，或者可以使用三支蠟燭：黑色、藍色和銀／灰色。把蠟燭放在你前面，只有黑色蠟燭就放在正中央，或是將三支蠟燭排成一排，左邊是藍色、中間是黑色、右邊是銀灰色。

陣法

所有的魔法儀式剛開始都應該畫一個圓圈，這是你的防護罩。如果你要使用三角形或正方形，先造一個圓圈，然後在裡面製作你的陣法。

最適合這個魔法的陣法是圓圈。請使用本書第 5 章中描述的方法創造你的陣法，用魔法棒、刀子，伸出手臂比出食指和中指來畫陣法，你也可以選擇用鹽巴或其他的東西來製作陣法。

面對的方向

如果你面向西方，這個魔法會最有效。在你的陣法中擺放好你的蠟燭和任何器具或強化物，這樣當你面向西方坐下時，這些東西會放在你的面前。

月相

這個魔法在漸虧月或暗月時舉行最有效，因為我們希望能消除怒氣，就像月亮在漸虧月時逐漸變小那樣。

一週中的哪一天

這個魔法除了星期三和星期四這兩天比較不好之外，任何一天都可以舉行。

☪ 非必要的魔法強化物

下列這些東西能為你的魔法增加深度，並且幫助自己更加專注，但這些都不是必要的，即使你沒有這些東西也可以施行魔法。

寶石

最適合這個魔法的寶石是虎眼石（Tigger's eye）和黑曜石（Obsidian）。

如果要在你的陣法中使用除了我建議的這兩種以外的寶石，請將它們放在你面前。

香薰

能強化這個魔法的香品是**松樹**（Pine）或**月桂**（Bay）。如果你喜歡的話，將這些香品放在你陣法內一個安全的地方。然而，想在陣法外開始使用香薰也沒關係。

音樂

如果你喜歡音樂，覺得它不會讓你分心，你可能會想要播放**新世紀音樂、冥想樂或古典樂**；可考慮能鎮定內在混亂情緒的靜心和協調的音樂。

☽ 在你開始魔法儀式之前

請確定不會有讓你分心的事情。

可能的話，關掉所有電話。

播放靜心的音樂。

把燈光調暗一點。

在你開始前洗手或洗澡。

如果你要香薰的話，可以先點香。

準備你需要的所有東西，放在附近拿得到的地方。

畫你的陣法。

請求你的高層力量允許將訊息傳給你。

☽ 肯定語

在正式開始你的魔法之前，先在陣法內讀誦肯定語。

我要釋放我對（某人的名字或某個事件）的怒氣。憤怒對我沒有好處，我的憤怒是一種選擇，我選擇不再生氣了。憤怒會毒化我的身心系統，我認

知到當我生氣時，是因為我感到很挫折，我不了解別人的思想或行為為什麼跟我不一樣。請給我有智慧的洞察力，接受我無法控制別人的行為。我不會再讓別人的行為讓我不快樂了。

　　下一次我生氣時，請提醒我這點，憤怒是一種選擇。我會試著做幾次深呼吸，延緩我的憤怒。在這次以後，我會延緩更久，然後延長更多的時間不讓自己發怒。我遲早會明白，我可以控制這個怒氣。到時我會感覺到一種成就感和自豪感。我會變得更堅強，有了這種新的自制力，我會有能力完成任何事情。請讓這種振動能量圍繞我。

　　那就這樣吧！

☽ 如何舉行魔法儀式

　　首先，點燃你的蠟燭，然後拿出你的紙和筆，寫一封短信給某人或你生氣的某個情況。如果你在生自己的氣，那就寫信給自己。

　　如果你在生某個已死之人的氣，還是寫下來。如果你在氣某件過去讓你痛苦的事情，那就寫給這個事件。如果你在氣某個傷害你或傷害某人的東西，那就寫給它。

　　如果你不喜歡寫信，那就簡單的寫幾個字，提個重點就好。舉例來說：瑞克，我很氣你為了去波士頓工作而離開我。疾病：我很氣你在我沒有醫療保險的時候迫使我去動手術。

　　如果你寫長信不會有困難，那就告訴他／她或它，你的感覺和你為什麼生他們的氣。誠實的描述細節，反正沒有人會看到這封信，這是你的秘密信件。事實上，如果你真的想仔細描述的話，你可能會想坐在桌子或書桌前，好好的寫信，然後再進入你的魔法儀式區域。寫這封信背後的意義是，將你的思想化成實際的形式，從你的潛意識中消除它們。

　　接下來，把你的信或字條放在容器中燒掉。如果有一小塊紙片沒燒完也

沒關係，只要你無法讀出特別的字句或某人的名字就行了。

　　如果你因為某些原因不想燒掉它，你可以將它撕成碎片，放進水裡，徹底摧毀它，以後再丟掉它。有很多人感覺做完這個儀式之後，就有了新的開始，因為這是一種解放的感覺。

　　在你燒掉紙條之後，說下列這個咒語：

> 我今天做了一個有力的選擇，
> 為了能好好生活，我要歡喜雀躍。
> 我的憤怒離開了，祝福我，
> 我恢復生機了，我自由了。

　　在你的心中以象徵結束儀式的聲明來做總結，像是「那就這樣吧！」「祝福」或「阿門」。接下來熄滅蠟燭，解除你的陣法。

戒除成癮症

　　如果可能的話，在你準備舉行這個魔法儀式的當天不要吃肉類、雞肉或魚類。肉類會讓你感覺身心沉重，你需要感覺明亮、輕盈才能輕易打開通靈的門戶，消除和釋放你的意圖。而且吃肉會讓你體內存有死亡的動物，你要盡可能減少負能量。

必要的強化物和魔法器具

　　這個魔法必要的器具包括如下描述中你為陣法選擇的器具。

　　你會需要：

- 剪刀
- 一條黑線、繩子、絕緣電線、緞帶、毛線或任何可以輕易被剪斷的東西。如果你找不到任何黑色的東西，其他顏色的繩子也可以。
- 一碗冷水
- 一小塊白水晶

蠟燭

你會需要蠟燭在你面前擺成一排，**銀色／灰色放左邊，白色放中間，黑色放右邊**。

陣法

所有的魔法儀式剛開始都應該畫一個圓圈，這是你的防護罩。如果你要使用三角形或正方形，先造一個圓圈，然後在裡面製作你的陣法。

這個魔法最佳的陣法是**圓圈**。使用第 5 章描述的方式創建你的陣法，用魔法棒、刀子、伸長手臂比出手指、鹽巴或其他你選擇的有形物品。

面對的方向

如果你面向**東方**，這個魔法會最有效。把你的蠟燭和任何器具或強化物擺在你的陣法內，這樣當你要面向東方坐下時，它們會在你面前。

月相

這個魔法儀式在**漸虧月或暗月**時舉行最好，因為你希望消除和減少某種衝動，就像月亮在漸虧月時會減少和消失那樣。

一週中的哪一天

適合施展這個魔法的日子是**星期天、星期五或星期六**，星期天是最好的。

☾ 非必要的魔法強化物

下面的這些物品能為你的魔法增加深度，並且幫助自己更加專注，但這

些不是必要的，就算你沒有這些東西也可以施展魔法。

寶石

最適合這個魔法的寶石是**橄欖石**（Chrysolite）。如果要在你的陣法中使用除了我建議的這種以外的寶石，請將它們放在你面前。

香薰

能加強這個魔法的香品是**忍冬**（Honeysuckle），把香品放在你陣法內安全的地方；然而，你也可以在陣法外就開始點香。

音樂

如果你喜歡音樂，覺得它不會讓你分心，你可能會想播放一些**祥和、緩慢、低頻**的音樂，像是**鋼琴或笛子**，只要你覺得舒服的音樂都好。

☽ 在你開始魔法儀式之前

請確定不會有讓你分心的事情。

可能的話，關掉所有電話。

播放靜心的音樂。

把燈光調暗一點。

在你開始前洗手或洗澡。

如果你要香薰的話，可以先點香。

準備你需要的所有東西，放在附近拿得到的地方。

畫你的陣法。

請求你的高層力量允許將訊息傳給你。

☽ 肯定語

在正式開始你的魔法之前，先在陣法內讀誦肯定語。

這一天，我終於選擇要為我的人生做出改變。我這麼做不是因為受了他

人的影響，而是因為我不喜歡這部分的自己。這個時候到了，因為我說是時候了。這是我人生進化的一部分，我已經歷過這件事，也知道我不想要一輩子這樣。當月亮提供我需要的正向力量和能量時，我的高層力量為我做見證：我要戒除我對（某種上癮情況）的成癮症。

我過去老是問自己為什麼會有這種過分的行為，但我不需要知道所有的答案。在我人生的這個階段，我要讓自己接受正向的改變。我會讓自己避開會誘惑我繼續做過去這種行為的人和情況。我知道當我做出這種上癮的行為時，我會感覺空虛。

我很高興當宇宙看到一個空虛處時，會以正向的東西去填補它。這個新的正面影響力會是什麼呢？我能體認到它比我上癮的東西好了三倍以上。它不會讓人上癮，它會為我帶來快樂和驕傲。我不會試著去猜想這個禮物是什麼，但我知道當我的成癮症離我越來越遠時，這個禮物會越來越近。如果我沒辦法完全自助，我會去找以前處理過這種事情的專業人士幫忙。

我今天這個意圖有天上強大的月亮為證，月亮已經開始產生某種能量來協助減少這種過分的行為和不智的危險。下一次當我感覺需要（陳述上癮的事情）時，我會尋找這個指引，不管是白天或黑夜，晴天或雨天，如果我迷失了，我會記起月亮會帶領我堅持更長的時間，接受宇宙送給我的美麗禮物。

我要戒除我的成癮症：（陳述上癮的事情）。重複三遍。

☾ 如何舉行魔法儀式

1. 拿出你的繩子，用它綁一個繩結。這個結代表束縛你的成癮症。

2. 看著這個結，想著這個成癮症讓你和別人產生多少辛苦和麻煩。如果你願意的話，靜思回想片刻。

3. 當你覺得準備好之後，用剪刀剪斷這條繩子，讓這個繩結留在其中

一端。不管你剪掉繩結的左邊或右邊都沒關係，但不要剪到繩結的正中央。

4. 拿起這條繩子，放進你的信封裡，然後密封它。

5. 讓雙手跟身體保持一段距離，然後連續甩手三下，好像要把這個成癮症從你身上甩掉那樣。

現在說下列這個咒語：

我每天在這裡找到更多的力量
我這麼說時，我的意志力也獲得了力量，
請帶走這個惱人的東西，它現在解脫了束縛，
我得到了自由，也找到了我的靈魂。

在你的心中以象徵結束儀式的聲明來做總結，像是「那就這樣吧！」「祝福」或「阿門」。接下來熄滅蠟燭，解除你的陣法。

等你解除陣法之後，以你選擇的任何方式丟掉裝著這條斷繩的信封。把它丟到垃圾桶或火爐裡，埋掉它或丟進海裡都可以。

消除恐懼

若是可能的話，在你打算施行這個魔法的當天不要吃肉。

☽ 必要的強化物和魔法器具

這個魔法必要的器具包括如下描述中你為陣法選擇的所有器具。

你會需要：

- 一把刀子
- 大的別針
- 筆或其他能在蠟燭上刻字的東西。

蠟燭

你會需要一支黑色或藍色的蠟燭，放在你前面正中央。

陣法

所有的魔法儀式剛開始都應該畫一個圓圈，這是你的防護罩。如果你要使用三角形或正方形，先造一個圓圈，然後在裡面製作你的陣法。

最適合這個魔法的陣法是圓圈。

請使用本書第 5 章中描述的方法創造你的陣法，用魔法棒、刀子，伸出手臂比出食指和中指來畫陣法，你也可以選擇用鹽巴或其他有形的東西來製作陣法。

面對的方向

如果你面向西方，這個魔法會最有效。在你的陣法中擺放好你的蠟燭和任何器具或強化物，這樣當你面向西方坐下時，這些東西會放在你的面前。

月相

這個魔法在漸虧月或暗月舉行效果最好，因為我們希望能消除和減少恐懼，就像月亮在漸虧月時那樣減少和消失。

一週中的哪一天

這個魔法適合在星期天、星期五或星期六舉行，但星期天最好。

☽ 非必要的魔法強化物

下面的這些物品能為你的魔法增加深度，並且幫助自己更加專注，但這些不是必要的，就算你沒有這些東西也可以施展魔法。

寶石

這個魔法最適合的寶石是**海藍寶石**（Aquamarine）。如果要在你的陣法中使用除了我建議的這種以外的寶石，請將它們放在你面前。

香薰

能強化這個魔法的香品是**迷迭香**（Rosemary）或**紫丁香**（Lilac）。如果你喜歡的話，將這些香品放在你陣法內一個安全的地方。然而，想在陣法外開始使用香薰也沒關係。

音樂

如果你喜歡音樂，覺得它不會讓你分心，你可能會想播放一些祥和、緩慢的音樂，像是**鋼琴、笛子或原聲吉他／木吉他**，只要你覺得舒服的音樂都好。

☾ 在你開始魔法儀式之前

請確定不會有讓你分心的事情。

可能的話，關掉所有電話。

播放靜心的音樂。

把燈光調暗一點。

在你開始前洗手或洗澡。

如果你要香薰的話，可以先點香。

準備你需要的所有東西，放在附近拿得到的地方。

畫你的陣法。

請求你的高層力量允許將訊息傳給你。

☾ 肯定語

在正式開始你的魔法之前，先在陣法內讀誦肯定語。

　　今天我要選擇平靜而不是恐懼，我知道這不是能否控制我的恐懼感的問題，而是我要不要選擇它的問題。我要受苦多久才肯做這種選擇呢？我現在就要做這個選擇，這是為了放鬆和健康。情況、人們、事情、地方或動物並不會讓我覺得恐懼，造成這種情緒的是我自己。我知道我能控制的部分比我能覺察到的更多，我會努力減少恐懼，知道我能掌控自己。

　　那就這樣吧！

☽ 如何舉行魔法儀式

　　舉起你的黑色或藍色的蠟燭。（黑色是驅逐，藍色是療癒；因為我們要同時驅逐和療癒，這兩種的任何一種顏色都會有良好的效果。）

　　在你的蠟燭頂端靠近燭芯的地方，刻一個字或一個字母代表你要消除的這個恐懼。比方說，如果你想克服飛行（Flying）的恐懼，那就刻 F 這個字母或整個字。

　　點燃蠟燭，讓它燒到你刻的字上，讓蠟熔化到你再也看不見這個字為止。（注意：不要刻在蠟燭的側面，要刻在頂端。）

　　在你等待蠟燭的蠟液覆蓋住這個字的時候，說下列這個咒語：

蠟燭在燃燒，我的恐懼也在燃燒，
請神性聆聽我的請求，
保護我不再產生這種恐懼，
當這個魔法結束後，一切都會如願完成！

　　在你的心中以象徵結束儀式的聲明來做總結，像是「那就這樣吧！」「祝福」或「阿門」。接下來熄滅蠟燭，解除你的陣法。

塔拉希（Tarash）——一種特別的療法

塔拉希是我為自己和一些客戶開發的一種療法。這是向我們的潛意識心智請求協助的觀想療法，這個療法對我個人和很多曾經嘗試過的客戶都很有效。

這個名字是混合「柏油（tar）」和「灰燼（ash）」這兩個字而來。這個原則就是把你體內任何疾病或不適的地方都觀想成黑色柏油，這包括憂鬱症、體重過重，或是你想從本我中移除的身體或心理的任何東西都可以。你觀想黑色柏油離開你的身體，慢慢變成看起來像灰燼，從原來的黑色柏油顏色變成越來越淡的灰燼色。

灰燼色變成淺灰色後，還在繼續變淡，最後你只看到白光在你體內流竄，這時你已經將毒化你身體系統的東西淨化了。對你來說，它看起來可能像是阻塞的水管，你開始把黑色或深色的汙水排放出來，最後只剩下乾淨的清水在你體內流動。

注意：這個方法的目的只是為了強化，並不能取代傳統療法或另類療法。我無意讓這個方法變成任何一種處方籤或疾病療法。

☽ 必要的強化物和魔法器具

這個魔法必要的器具包括如下描述中你為陣法選擇的所有器具。

蠟燭

你會需要一支黑色蠟燭擺在你右邊，一支白色蠟燭擺在你的左邊。

陣法

所有的魔法儀式剛開始都應該畫一個圓圈，這是你的防護罩。如果你要使用三角形或正方形，先造一個圓圈，然後在裡面製作你的陣法。

最適合這個魔法的陣法是**圓圈**。請使用本書第 5 章中描述的方法創造你的陣法，用魔法棒、刀子，伸出手臂比出食指和中指來畫陣法，你也可以選擇用鹽巴或其他有形的東西來製作陣法。

面對的方向

如果你面向**北方**，這個魔法會最有效。在你的陣法中擺放好你的蠟燭和任何器具或強化物，這樣當你面向北方坐下時，這些東西會放在你的面前。

月相

這個魔法在**漸虧月或暗月**舉行效果最好。

一週中的哪一天

最適合這個魔法的日子是**星期一或星期六**。

☽ 非必要的魔法強化物

下面的這些物品能為你的**魔法**增加深度，並且幫助自己更加專注，但這些不是必要的，就算你沒有這些東西也可以施展魔法。

寶石

這個魔法最適合的寶石是**白水晶**。如果要在你的陣法中使用除了我建議的這種以外的寶石，請將它們放在你面前。

音樂

如果你喜歡音樂，覺得它不會讓你分心，你可能會想播放一些對你具有**象徵療癒性質**的音樂。這個魔法可以使用有歌聲的背景音樂，例如恩雅的音樂。只要你覺得舒服的音樂都好。

☽ 在你開始做塔拉希魔法儀式之前

請確定不會有讓你分心的事情。

可能的話，關掉所有電話。

播放靜心的音樂。

把燈光調暗一點。

在你開始前洗手或洗澡。

如果你要香薰的話，可以先點香。

準備你需要的所有東西，放在附近拿得到的地方。

畫你的陣法。

這時可以點蠟燭。

請求你的高層力量允許將訊息傳給你。

☾ 如何準備塔拉希療癒魔法儀式

1. 在你開始儀式之前，甚至在開始製作圓圈陣法之前，先觀想你身體有問題的地方：把這個不適的地方觀想成黑色柏油。如果你不確定你的身體哪個地方有問題，那就觀想全身充滿黑色柏油。你一定要在魔法儀式開始之前找到這個充滿負能量的位置。

2. 決定你要把身體的哪一個地方當作釋放的宣洩口，你的宣洩口就類似一種天窗、洞、管子、排水管或是你喜歡的任何一種形象。這個觀想法背後的含意是，你要把有毒的柏油從這個宣洩口排放出去。用你自己的點子，做你覺得最適合的方式。舉例來說，可以把它看成一種充滿熱蒸氣的加蓋水壺。當你打開蓋子時，蒸氣會往上升。我們這裡也是同樣的概念。你一定要在你身體的某處找一個釋放負能量的宣洩口。

3. 當你完成這個程序之後，一定要關上宣洩口，自己決定哪一種方式最適合關上這個地方。舉例來說，觀想一個天窗往下拉時，蓋子就蓋回去了，用你的手或天使的手，或是你心中的上帝的手做出關上某個東西的動作，只要是你覺得適合這種情況的任何方式都可以。

當你清除了腦中的思緒之後，就可以正式開始魔法儀式。

🌙 開始塔拉希療癒魔法儀式

1. 在你的冥想區靜止不動，閉上眼睛，做幾分鐘深呼吸。當你覺得放鬆後，觀想宣洩點的開口，想像黑色的柏油從你體內像溪流般慢慢釋放出去。給它一點時間，這個過程不會很快。觀想柏油流經你的身體各處，來到你的宣洩口。讓它以自己的速度排出體外。

2. 最後黑色柏油會變成灰燼的顏色，這表示你體內這個不舒服的地方已經淡化了，但尚未完全清除掉。灰色會變得越來越淡，你看著它離開身體。當這個灰燼從你的宣洩口離開時，觀想你身體的這個地方被清乾淨了。讓白光充滿它，白光進入原本充滿黑色柏油的區域。當所有的灰燼離開你的身體後，你會開始看到白光露出來，這表示你已經充滿潔淨的能量，現在你隨時可以選擇關閉宣洩口。

3. 當你關上宣洩口之後，在你冥想的地方休息一下，說：「我感謝你，就這樣吧！」

注意：要花多少時間得看你的問題有多大。你可能要做好幾次才會開始看到灰燼。換句話說，對比較不嚴重的問題，做一次就能清除了。你的直覺會告訴你需要做多少次。

當你結束後，熄滅蠟燭，解除你的圓圈陣法。

為他人祈求健康幸福

☽ 必要的強化物和魔法器具

這個魔法必要的器具包括如下描述中你為陣法選擇的所有器具。

你會需要：

- 元素水

- 一個裝水的碗或杯子

- 人像——代表那個人的東西，像是照片，或是某個屬於他們或他們曾碰觸過的東西，比如說名片或項鍊。如果你沒有任何東西可以代表他們，那就在一張紙上寫下他們的全名，或是製作布娃娃、樹枝娃娃之類的東西來代表他們，你也可以用一條白水晶當作代表物。

蠟燭

你需要四支蠟燭在你前面排成一橫排：左邊是**紫色**，然後依序是**白色**，接著是**褐色**，最右邊是**粉紅色**。

陣法

所有的魔法儀式剛開始都應該畫一個圓圈，這是你的防護罩。如果你要使用三角形或正方形，先造一個圓圈，然後在裡面製作你的陣法。

最適合這個魔法的陣法是**圓圈**。請使用本書第 5 章中描述的方法創造你的陣法，用魔法棒、刀子，伸出手臂比出食指和中指來畫陣法，你也可能選擇用鹽巴或其他有形的東西來製作陣法。

面對的方向

如果你面向北方，這個魔法會最有效。在你的陣法中擺放好你的蠟燭和任何器具或強化物，這樣當你面向北方坐下時，這些東西會放在你的面前。

月相

這個魔法在**新月或漸盈月**舉行效果最好，因為你想要增加某些東西，就像月亮漸增到滿月那樣。

一週中的哪一天

這個魔法在**任何一天**做都合適。

☾ 非必要的魔法強化物

下面的這些物品能為你的魔法增加深度，並且幫助自己更加專注，但這些不是必要的，就算你沒有這些東西也可以施展魔法。

寶石

這個魔法最適合的寶石是**粉水晶、月光石和黃玉／黃寶石**（Topaz，也稱托帕石）。如果要在你的陣法中使用除了我建議的這種以外的寶石，請將它們放在你面前。

香薰

能強化這個魔法的香品是**洋甘菊**（Chamomile）、**梔子花**（Gardenia）**和胡椒薄荷**（Peppermint）。如果你喜歡的話，將這些香品放在你陣法內一個安全的地方。然而，想在陣法外開始使用香薰也沒關係。

音樂

如果你喜歡音樂，覺得它不會讓你分心，你可能會想播放一些**輕快和振奮**的樂器演奏音樂。只要你覺得舒服的音樂都好。

☾ 在你開始魔法儀式之前

請確定不會有讓你分心的事情。

可能的話，關掉所有電話。

播放音樂。

把燈光調暗一點。

在你開始前洗手或洗澡。

如果你要香薰的話，可以先點香。

準備你需要的所有東西，放在附近拿得到的地方。

畫你的陣法。

請求你的高層力量允許將訊息傳給你。

☾ 肯定語

在正式開始你的魔法之前，先在陣法內讀誦肯定語。

願（某人的名字）始終都走在安全的道路上，願幸福圍繞他。願（某人的名字）的人生路上充滿喜樂和滿足。不管你在哪裡，不管你在做什麼，願你能感受到我透過宇宙白光傳送給你的愛的能量。即使你並不知道，但當你祈禱或尋求神性幫助時，我都會與你同在。每當你想起我時，即使只是很短暫的時間，我都會在你身邊。

那就這樣吧！

★ 如何舉行魔法儀式

將你準備傳送正向思想的那個人的人像或代表物放在你面前。把手放在它的上方，唸誦下列的咒語：

透過所有的宇宙力量，
願你此時能感覺到我的存在，
我願你平安，願你喜樂，
感覺我，看見我，我在這裡。

　　拿出元素水，噴灑在人像上。

　　在你的心中以象徵結束儀式的聲明來做總結，像是「那就這樣吧！」「祝福」或「阿門」。現在熄滅蠟燭，解除你的陣法。

　　把剩餘的元素水倒在戶外或盆栽裡。如果你一定得倒進水槽裡，那就慢慢地倒，讓水經過你的手之後再流到排水管，同時說道：「回歸大地。」

　　你想怎麼處理人像都可以，這沒有對與錯，因為它已經完成它的目的了。

13 愛情

婚禮或親密伴侶關係

這是在兩人之間形成一種愛的定情魔法（love-binding spell）最好的方式。

任何一種親密伴侶關係都可以舉行這種魔法儀式，你喜歡的話也可以經常舉行，以便經常更新兩人對彼此許下的承諾，或是在兩人剛開始許下承諾時舉行。

☾ 必要的強化物和魔法器具

這個魔法必要的器具包括如下描述中你為陣法選擇的所有器具。

你會需要：

- 一個聖餐杯或葡萄酒杯
- 葡萄酒或果汁（只能用紅色），象徵兩人的血混合在一起
- 薰衣草精油
- 小剪刀，比如修剪鬍子或修指甲的小剪刀
- 信封
- 兩條緞帶、繩子或毛線（紅色或白色），或是黑色皮線，大約 6 英吋長(約 15 公分)——這個尺寸是能綁在彼此手腕上的長度。如果你能找到的話，用皮製的手環也很好。

蠟燭

你需要一支粉紅色蠟燭、一支白色蠟燭和一支紅色蠟燭。

陣法

所有的魔法儀式剛開始都應該畫一個圓圈，這是你的防護罩。如果你要使用三角形或正方形，先造一個圓圈，然後在裡面製作你的陣法。

最適合這個魔法的陣法是**圓圈**。請使用本書第 5 章中描述的方法創造你的陣法，用魔法棒、刀子，伸出手臂比出食指和中指來畫陣法，你也可以選擇用鹽巴或其他有形的東西來製作陣法。

面對的方向

這個魔法最有效的方式是你們**面向彼此**，一個人面向**南方**，另一個人面向**北方**。把所有的蠟燭擺在你們的右邊，任何器具或強化物擺在陣法內讓你們覺得舒服的地方。

月相

這個魔法在**滿月、新月或漸盈月**舉行效果最好，因為你想要增加愛情，讓它達到圓滿，就像月亮漸盈到滿月那樣。

一週中的哪一天

最適合舉行這個魔法的日子是星期一、星期二、星期四、星期五和星期六。

☽ 非必要的魔法強化物

下面的這些物品能為你的魔法增加深度，並且幫助自己更加專注，但這些不是必要的，就算你沒有這些東西也可以施展魔法。

寶石

這個魔法最適合的寶石是**粉水晶**。如果要在你的陣法中使用除了我建議的這種以外的寶石，請將它們放在你面前。

香薰

能強化這個魔法的香品是**廣藿香**（Patchouli）、**肉桂**（Cinnamon）和**茉莉花**（Jasmine）。如果你喜歡的話，將這些香品放在你陣法內一個安全的地方。然而，想在陣法外開始使用香薰也沒關係。

音樂

如果你喜歡音樂，覺得它不會讓你分心，你可能會想播放一些**浪漫或靜心**的樂器演奏音樂。只要你覺得舒服的音樂都好。

☾ 在你開始魔法儀式之前

請確定不會有讓你分心的事情。

可能的話，關掉所有電話。

播放靜心的音樂。

把燈光調暗一點。

在你開始前洗手或洗澡。

如果你要香薰的話，可以先點香。

準備你需要的所有東西，放在附近拿得到的地方。

畫你的陣法。

請求你的高層力量允許將訊息傳給你。

☾ 肯定語

在正式開始你的魔法之前，先在陣法內讀誦肯定語。

今天我們選擇要許下諾言，我們會盡一切努力珍愛和尊重彼此。我們會在月亮的力量之下結成親密伴侶，承諾創造一個充滿愛情和諒解的結合。

☾ 如何舉行魔法儀式

1. 坐著面向彼此，其中 個人面向北方，另一個人面向南方。誰面向哪一個方向都沒關係。面向北方的這個人要先喝一口葡萄酒，然後說：「願你永不口渴。」

   然後把杯子交給伴侶，這個人從同一個杯子喝葡萄酒，說：「願你

永不口渴。」

2. 兩個人都要用薰衣草精油塗抹每一支蠟燭，從底部開始往上塗到蠟燭頂端，直到整支蠟燭都塗滿精油為止。

3. 現在面向南方的人喝一口葡萄酒，說：「你是我的火光。」
   另一個人也一樣喝葡萄酒，說：「你是我的火光。」

4. 從彼此的頭上剪一小段頭髮，把兩人的頭髮一起放進同一個信封裡。（先擺到旁邊。）

5. 面向北方的人喝一口葡萄酒，說：「我們是一體的。」另一個人也一樣這麼做。

6. 把線或繩子綁在你伴侶的手腕上，不管是誰先綁都沒關係。面向南方的人喝一口葡萄酒說：「你跟我綁在一起了。」
   另一個人也喝酒並說同樣的話。

7. 親吻彼此，一起唸咒語：**我們今晚在此為愛結合。**

8. 各自從信封裡拿出幾根頭髮，丟到風中。如果你們的頭髮不夠丟，只要碰一下黏到你手指上的幾根頭髮，對著天空甩一下你們的手。

在你的心中以象徵結束儀式的聲明來做總結，像是「那就這樣吧！」「祝福」或「阿門」。接下來熄滅蠟燭，解除你們的陣法。

吸引一個愛人

這個魔法通常是在你想偶爾跟人分享親密時刻，但又不一定是要尋找長期的親密伴侶時使用。

☽ 必要的強化物和魔法器具

這個魔法必要的器具包括如下描述中你為陣法選擇的所有器具。

你會需要：

- 用硬紙板剪出兩個人像（其中一個人像代表你，另一個代表你想尋找的那個人性別的人像。）
- 廣藿香精油
- 薰衣草精油
- 紙和筆
- 一個粉紅色的信封

蠟燭

你需要一支黃色蠟燭放在你前面的左邊，一支粉紅色蠟燭放在你前面的右邊。

陣法

所有的魔法儀式剛開始都應該畫一個圓圈，這是你的防護罩。如果你要使用三角形或正方形，先造一個圓圈，然後在裡面製作你的陣法。

最適合這個魔法的陣法是**圓圈**。請使用本書第 5 章中描述的方法創造你的陣法，用魔法棒、刀子、伸出手臂比出食指和中指來畫陣法，你也可以選擇用鹽巴或其他有形的東西來製作陣法。

面對的方向

如果你面向**南方**，這個魔法會最有效。在你的陣法中擺放好你的蠟燭和任何器具或強化物，這樣當你面向南方坐下時，這些東西會放在你的面前。

月相

這個魔法在**滿月或漸盈月**舉行效果最好，因為你想要增加愛情的機會，讓它達到圓滿，就像月亮漸盈到滿月那樣。

一週中的哪一天

最適合舉行這個魔法的日子是**星期五**，但這個魔法除了**星期三和星期六**比較不好之外，任何一天都可以。

☽ 非必要的魔法強化物

下面的這些物品能為你的魔法增加深度，並且幫助自己更加專注，但這些不是必要的，就算你沒有這些東西也可以施展魔法。

寶石

這個魔法最適合的寶石是**粉水晶和粉紅碧璽**（Pink tourmaline）。如果要在你的陣法中使用除了我建議的這兩種以外的寶石，請將它們放在你面前。

香薰

能強化這個魔法的香品是**麝香**（Musk）**和龍涎香**（Ambergris）。如果你喜歡的話，將這些香品放在你陣法內一個安全的地方。然而，想在陣法外開始使用香薰也沒關係。

音樂

如果你喜歡音樂，覺得它不會讓你分心，你可能會想播放一些**舒心或挑動情慾**的音樂，像是印地安原住民的**鼓樂、笛子**，或是拉威爾的《波麗露》（"Bolero" by Ravel）。讓你覺得舒服的任何音樂都好。

☽ 在你開始魔法儀式之前

請確定不會有讓你分心的事情。

可能的話，關掉所有電話。

播放音樂。

把燈光調暗一點。

在你開始前洗手或洗澡。

如果你要香薰的話，可以先點香。

準備你需要的所有東西，放在附近拿得到的地方。

畫你的陣法。

這時可以點蠟燭。

請求你的高層力量允許將訊息傳給你。

☽ 肯定語

在正式開始你的魔法之前，先在陣法內讀誦肯定語。

在人生的這個時刻，我並不想有長期的親密關係，但我想有個志同道合的親密伴侶。我知道我們會共度一段特別的時光，當緣份結束時，我們將會各走各的路，但仍然保持友誼，相互諒解。

那就這樣吧！

☽ 如何舉行魔法儀式

當你創建好圓圈陣法之後，把兩個紙板做的人像拿出來，在上面沾一點廣藿香精油，讓它們面面相對——一個面向南方，另一個面向北方。哪一個人像朝向哪一方並不重要，用你的直覺去佈置就好。

現在說下列的咒語：

我要吸引你一天天的靠近我，

直到有一天，你終於來到我身邊。

我們相聚的時光很短暫，也有終點，

但我們兩個都知道這點，不必假裝。

所以你快來吧！親愛的你，

我施展這個魔法，好讓我們彼此能相遇！

　　在你的心中以象徵結束儀式的聲明來做總結，像是「那就這樣吧！」「祝福」或「阿門」。接下來熄滅蠟燭，解除你的陣法，把你的紙板人像放在你選擇的某個房間的兩個不同角落。

　　在接下來的九天裡，以你覺得適合的方式移動它們，讓它們逐漸接近彼此。到了第九天，把這兩個人像一起放進同一個信封裡。你可以用一條繩子或緞帶把它們綁在一起，想辦法讓這兩個人像能碰觸彼此，但不要用釘書機釘它們。把這個信封放在你的床邊，直到那個人走進你的生活為止。當你們的親密關係結束之後，把這兩個人像燒掉，這樣你們兩人又恢復自由了。

靈魂伴侶

　　使用這個魔法召喚情投意合，在所有層面都能吸引你的人：肉體、心理和靈性。記住，沒有一個人是完美的，或是擁有我們想要的一切。你一定要耐心等待，心中不要設定任何一個特定的人，讓宇宙給你一個驚喜。

🌙 必要的強化物和魔法器具

這個魔法必要的器具包括如下描述中你為陣法選擇的所有器具。

你會需要：

- 兩片玫瑰刺（這兩片玫瑰刺代表一朵愛情之花，了解有時候想要得到美麗的事物時，我們可能會碰到一點刺，像是等待本身就有點刺人。手邊請多準備幾片玫瑰刺，以防萬一你想將刺固定在蠟燭上時，不小心弄斷了它。）

蠟燭

你需要一支**粉紅色蠟燭**。

陣法

所有的魔法儀式剛開始都應該畫一個圓圈，這是你的防護罩。如果你要使用三角形或正方形，先造一個圓圈，然後在裡面製作你的陣法。

最適合這個魔法的陣法是**圓圈**。請使用本書第 5 章中描述的方法創造你的陣法，用魔法棒、刀子，伸出手臂比出食指和中指來畫陣法，你也可以選擇用鹽巴或其他有形的東西來製作陣法。

面對的方向

如果你面向**南方**，這個魔法會最有效。在你的陣法中擺放好你的蠟燭和任何器具或強化物，這樣當你面向南方坐下時，這些東西會放在你的面前。

月相

這個魔法在**滿月**或**新月**舉行效果最好。

一週中的哪一天

最適合舉行這個魔法的日子是**星期天、星期二和星期五**。

☾ 非必要的魔法強化物

下面的這些物品能為你的魔法增加深度，並且幫助自己更加專注，但這些不是必要的，就算你沒有這些東西也可以施展魔法。

寶石

這個魔法最適合的寶石是**粉水晶和粉紅碧璽**。如果要在你的陣法中使用除了我建議的這兩種以外的寶石，請將它們放在你面前。

香薰

能強化這個魔法的香品是**蘋果花（Apple blossom）和廣藿香**。如果你喜歡的話，將這些香品放在你陣法內一個安全的地方。然而，想在陣法外開始

使用香薰也沒關係。

音樂

如果你喜歡音樂，覺得它不會讓你分心，你可能會想播放一些**新世紀音樂、古典樂或巴洛克音樂**，或是任何你覺得浪漫的樂器所演奏的音樂，也許是**豎琴或笛子**。只要你覺得舒服的音樂都好。

☾ 在你開始魔法儀式之前

請確定不會有讓你分心的事情。

可能的話，關掉所有電話。

播放靜心的音樂。

把燈光調暗一點。

在你開始前洗手或洗澡。

如果你要香薰的話，可以先點香。

準備你需要的所有東西，放在附近拿得到的地方。

畫你的陣法。

請求你的高層力量允許將訊息傳給你。

☾ 肯定語

在正式開始你的魔法之前，先在陣法內讀誦肯定語。

我了解在尋找真愛時我必須耐心一點，宇宙的力量不會按照我想要的時間讓真愛出現，而是根據最適合我的時機。我也了解如果有人出現的話，我會假定對方是我的靈魂伴侶，我會花時間去查看，這個人是不是我在尋找的那個人。如果不是的話，我不會勉強跟不適合的人發展親密關係，我會帶著尊嚴和新希望繼續尋找。

把兩片玫瑰刺插進粉紅色蠟燭中央，然後點燃蠟燭。唸下列這段咒語：

我凝望月亮，

我凝望太陽，

我們將會合而為一。

不論寒暑，我都將日日等待，

直到我們相遇，直到我們的唇瓣相觸的那一天。

　　在你的心中以象徵結束儀式的聲明來做總結，像是「那就這樣吧！」「祝福」或「阿門」。接下來熄滅蠟燭，解除你的陣法。

我可以感覺到你，你在哪裡？

☽ 必要的強化物和魔法器具

這個魔法必要的器具包括如下描述中你為陣法選擇的所有器具。

你會需要：

- 葡萄酒或果汁（白色或紅色）
- 聖餐杯或特別的杯子
- 一小塊打磨過或原礦的粉水晶

蠟燭

　　你也需要紅色、黃色、白色和粉紅色的蠟燭，在魔法儀式開始之後點燃它們，在你前面排成一排。

陣法

　　所有的魔法儀式剛開始都應該畫一個圓圈，這是你的防護罩。如果你要

使用三角形或正方形，先造一個圓圈，然後在裡面製作你的陣法。

最適合這個魔法的陣法是三**角形**。請使用本書第 5 章中描述的方法創造你的陣法，用魔法棒、刀子，伸出手臂比出食指和中指來畫陣法，你也可以選擇用鹽巴或其他有形的東西來製作陣法。

面對的方向

如果你面向**北方**，這個魔法會最有效。在你的陣法中擺放好你的蠟燭和任何器具或強化物，這樣當你面向北方坐下時，這些東西會放在你的面前。

月相

這個魔法在**滿月**時舉行效果最好，因為我們希望增加找到那個人的機會，你會感覺到適合你的人就在某處。

一週中的哪一天

最適合舉行這個魔法的日子是**星期一、星期二和星期五**，但這個魔法在任何一天施行都可以。

☽ 非必要的魔法強化物

下面的這些物品能為你的魔法增加深度，並且幫助自己更加專注，但這些不是必要的，就算你沒有這些東西也可以施展魔法。

寶石

這個魔法最適合的寶石是**紅玉髓和青金石**。如果要在你的陣法中使用除了我建議的這兩種以外的寶石，請將它們放在你面前。

香薰

能強化這個魔法的香品是**麝香和龍血樹脂**（Dragon's blood）。如果你喜歡的話，將這些香品放在你陣法內一個安全的地方。然而，想在陣法外開始使用香薰也沒關係。

音樂

　　如果你喜歡音樂，覺得它不會讓你分心，你可能會想播放一些**靜心或挑動情慾**的音樂，像是美國原住民的**鼓樂、笛子、吟唱**或某種你覺得浪漫的音樂。只要你覺得舒服的音樂都好。

🌙 在你開始魔法儀式之前

　　請確定不會有讓你分心的事情。

　　可能的話，關掉所有電話。

　　播放靜心的音樂。

　　把燈光調暗一點。

　　在你開始前洗手或洗澡。

　　如果你要香薰的話，可以先點香。

　　準備你需要的所有東西，放在附近拿得到的地方。

　　畫你的陣法。

　　請求你的高層力量允許將訊息傳給你。

🌙 肯定語

　　在正式開始你的魔法之前，先在陣法內讀誦肯定語。

　　今晚聆聽月亮的低語聲，我感覺到你，但卻不知道你是誰，也不知道你在哪裡。我的心不禁想到你。我們注定會在一起嗎？或者我現在感覺到的只是前世的一部分，如今已經不再了？你只是一個幻夢，或是真實存在的人？哦，月亮的能量啊！感受我的沮喪。為什麼想到我不曾遇見的那個人的念頭會這麼讓我困惑？是什麼阻礙我們找到彼此？藉著上天的恩典，如果這個人是我的愛人，那就不要讓我們再分離。

☾ 如何舉行魔法儀式

1. 點燃黃色蠟燭說：「我在這裡，快來我身邊。」

2. 喝一口葡萄酒。

3. 點燃紅色蠟燭說：「感覺我的呼吸。」

4. 點燃白色蠟燭說：「願火光能讓我們找到彼此。」

5. 拿起你的粉水晶，在三支蠟燭的火焰上方滑過，保持一定的高度，不要燙到自己。

6. 現在把粉水晶握在心口處，閉上眼睛，試著想像某人的剪影輪廓，但沒有臉孔。如果心中沒有出現任何畫面，也不要強求，暫時放下吧！

最後點燃粉紅色蠟燭，唸下列這段咒語：

我凝望著那有魔法力量的月亮，
此時此刻你是否也在凝望明月呢？
我不認識你，我們也不曾說過話，
現在魔法已經成立，不會被打破。

在你的心中以象徵結束儀式的聲明來做總結，像是「那就這樣吧！」「祝福」或「阿門」。接下來熄滅蠟燭，解除你的陣法。

在你離開陣法之後，拿起你的粉水晶，如果可能的話，把它放在你每天看得到的地方。下一次你看到另一塊粉水晶的時候，把它買下來，放在你看不到的地方。知道某一天你會把它送給注定要跟你在一起的那個人。最後這兩塊水晶會並排擺放在一起。

跟某人分手

這個魔法可能會幫助你找到向前邁進的力量，走向一個新的生活。

☽ 必要的強化物和魔法器具

這個魔法必要的器具包括如下描述中你為陣法選擇的所有器具。

蠟燭

你也需要在你面前放一支黑色的蠟燭，一個燒東西的容器，還有火柴或打火機。

陣法

所有的魔法儀式剛開始都應該畫一個圓圈，這是你的防護罩。如果你要使用三角形或正方形，先造一個圓圈，然後在裡面製作你的陣法。

最適合這個魔法的陣法是圓圈，但這個魔法在創建陣法時要以逆時鐘方向，而不是順時鐘方向，因為你要將時光回溯到這個人尚未進入你生命中的時候。請使用本書第 5 章中描述的方法創造你的陣法，用魔法棒、刀子，伸出手臂比出食指和中指來畫陣法，你也可以選擇用鹽巴或其他有形的東西來製作陣法。

面對的方向

如果你面向北方，這個魔法會最有效。在你的陣法中擺放好你的蠟燭和任何器具或強化物，這樣當你面向北方坐下時，這些東西會放在你的面前。

月相

這個魔法在**漸虧月或暗月**時舉行效果最好，因為我們希望減少愛情的機會，就像月亮從滿月漸漸消減到暗月那樣。

一週中的哪一天

最適合舉行這個魔法的日子是星期天和星期六，但這個魔法在任何一天施行都可以。

☽ 非必要的魔法強化物

下面的這些物品能為你的魔法增加深度，並且幫助自己更加專注，但這些不是必要的，就算你沒有這些東西也可以施展魔法。

寶石

最適合這個魔法的寶石是像縞瑪瑙（Onyx）、黑曜石或黑玉（Jet）之類的黑色寶石。如果要在你的陣法中使用除了我建議的這三種以外的寶石，請將它們放在你面前。

香薰

能強化這個魔法的香品是薰衣草、雪松（Ceder）和柑橘類。如果你喜歡的話，將這些香品放在你陣法內一個安全的地方。然而，想在陣法外開始使用香薰也沒關係。

音樂

如果你喜歡音樂，覺得它不會讓你分心，你可能會想播放一些吟唱、鼓樂或是輕柔和弦的音樂。只要你覺得舒服的音樂都好。

☽ 在你開始魔法儀式之前

請確定不會有讓你分心的事情。

可能的話，關掉所有電話。

播放靜心的音樂。

把燈光調暗一點。

在你開始前洗手或洗澡。

如果你要香薰的話，可以先點香。

準備你需要的所有東西，放在附近拿得到的地方。

畫你的陣法。

請求你的高層力量允許將訊息傳給你。

☽ 肯定語

在正式開始你的魔法之前，先在陣法內讀誦肯定語。

我現在身在這個地方，很想尋找答案，我感覺得到我的指導靈和我內在的智慧。我感覺得到所有生命的源頭。我對我應該走的旅程感到越來越疲憊，我對（某人的名字）（有愛或曾經有愛），但我感覺過去強烈的結合已經結束了。請幫我克服這個弱點，讓我能徹底執行分手這個選擇。我用理智和清晰的頭腦認真考慮過分手這個想法。我會為這件事情難過一陣子，然後我會帶著新希望和積極的態度邁向未來。這個情況是我進化的另一步，是我註定要體驗的一段歷程。當這扇門關上時，我將不再長久注視這扇關上的門，而會往前看另一扇即將開啟的門。

那就這樣吧！

注視你的黑色蠟燭，觀想你要分手的那個人變得越來越小，最後消失在火焰中。

☽ 如何舉行魔法儀式

唸誦下列的咒語：

我們要分手了，願你一切安好，
我順從我的心願，

你我各走各的路，

從此以後，我們的緣分就結束了。

　　在你的心中以象徵結束儀式的聲明來做總結，像是「那就這樣吧！」「祝福」或「阿門」。接下來熄滅蠟燭，解除你的陣法。

性慾

這個魔法會為現有的親密關係增添一點魔法的火花。

☽ 必要的強化物和魔法器具

這個魔法必要的器具包括如下描述中你為陣法選擇的所有器具。

你會需要：

- 紅色亮片（代表刺激的事物和閃亮的熱情）
- 廣藿香精油
- 香草（Vanilla）

（如果你要在地上進行，你可能會想要用一塊硬紙板或防護布遮住地面，這樣魔法儀式結束之後，亮片才不會黏到地毯上。）

蠟燭

你需要放兩支紅色的蠟燭在你面前。

陣法

所有的魔法儀式剛開始都應該畫一個圓圈，這是你的防護罩。如果你要使用三角形或正方形，先造一個圓圈，然後在裡面製作你的陣法。

最適合這個魔法的陣法是圓圈。請使用本書第 5 章中描述的方法創造你

的陣法，用魔法棒、刀子，伸出手臂比出食指和中指來畫陣法，你也可以選擇用鹽巴或其他有形的東西來製作陣法。

面對的方向

如果你面向**南方**，這個魔法會最有效。在你的陣法中擺放好你的蠟燭和任何器具或強化物，這樣當你面向南方坐下時，這些東西會放在你的面前。

月相

這個魔法在**滿月或漸盈月**時舉行效果最好，因為我們希望增加愛情的機會，就像月亮漸盈到滿月那樣。

一週中的哪一天

最適合舉行這個魔法儀式的日子是星期一、星期二、星期四和星期五，但這個魔法除了星期三和星期六比較不好之外，在任何一天舉行都可以。

☽ 非必要的魔法強化物

下面的這些物品能為你的魔法增加深度，並且幫助自己更加專注，但這些不是必要的，就算你沒有這些東西也可以施展魔法。

寶石

這個魔法最適合的寶石是紅玉髓、粉水晶和孔雀石。如果要在你的陣法中使用除了我建議的這三種以外的寶石，請將它們放在你面前。

香薰

能強化這個魔法的香品是**蘋果、龍涎香（Ambergris）和茉莉花**。如果你喜歡的話，將這些香品放在你陣法內一個安全的地方。然而，想在陣法外開始使用香薰也沒關係。

音樂

如果你喜歡音樂，覺得它不會讓你分心，你可能會想播放一些**浪漫和挑動情慾**，可能還有些逐漸增強的音樂。只要你覺得舒服的音樂都好。

☽ 在你開始魔法儀式之前

請確定不會有讓你分心的事情。

可能的話，關掉所有電話。

播放音樂。

把燈光調暗一點。

在你開始前洗手或洗澡。

如果你要香薰的話，可以先點香。

準備你需要的所有東西，放在附近拿得到的地方。

畫你的陣法。

請求你的高層力量允許將訊息傳給你。

☽ 肯定語

在正式開始你的魔法之前，先在陣法內讀誦肯定語。

我們都有人類的需求，有時候肉體想要更多的熱情，今天我會主動跟我的伴侶為我的生活帶來更多的刺激。我也會考慮在物質上做其他不同的改變，像是下一次我跟伴侶在一起時，穿更具挑逗性的服裝，創造一種浪漫和引人遐思的氛圍。

☽ 如何舉行魔法儀式

在點蠟燭之前，先在蠟燭上塗抹廣藿香精油和香草。從蠟燭底部慢慢往上塗，一次塗薄薄的一層精油，你想塗多少次都沒關係。

在你的蠟燭上撒一點亮片（不需要太多）。

點燃蠟燭，唸誦下列的咒語：

願你想到我時會綻放熱情之光，
願這熱情增強增大到三倍之多。
當你看著我時會感到慾火焚身，
我們將撫慰內心深處的慾望。

在你的心中以象徵結束儀式的聲明來做總結，像是「那就這樣吧！」
「祝福」或「阿門」。接下來熄滅蠟燭，解除你的陣法。

14 事業／工作

自己開業做生意

☾ 必要的強化物和魔法器具

這個魔法必要的器具包括如下描述中你為陣法選擇的所有器具。

你會需要：

- 一個信封
- 一支筆
- 三顆小種子——例如罌粟花種子或是青草的種子

蠟燭

你需要兩支白色和兩支綠色的蠟燭，把他們放在正方形的四面，而不是四個角落。把放在你面前的一支白色蠟燭朝向東方，一支綠色蠟燭朝向北方，一支朝向南方，另一支白色蠟燭放在你身後，朝向西方。

陣法

所有的魔法儀式剛開始都應該畫一個圓圈，這是你的防護罩。如果你要使用三角形或正方形，先造一個圓圈，然後在裡面製作你的陣法。

最適合這個魔法的陣法是正方形。請使用本書第 5 章中描述的方法創造你的陣法，用魔法棒、刀子，伸出手臂比出食指和中指來畫陣法，你也可以選擇用鹽巴或其他有形的東西來製作陣法。

面對的方向

如果你面向東方，這個魔法會最有效。在你的陣法中擺放好你的蠟燭和任何器具或強化物，這樣當你面向東方坐下時，這些東西會放在你的面前。

月相

這個魔法在新月時舉行效果最好，因為我們希望增加生意的機會，就像

月亮漸盈到滿月那樣。

一週中的哪一天

最適合舉行這個魔法的日子是星期一、星期二、星期三、星期四和星期六。

☾ 非必要的魔法強化物

下面的這些物品能為你的魔法增加深度，並且幫助自己更加專注，但這些不是必要的，就算你沒有這些東西也可以施展魔法。

寶石

這個魔法最適合的寶石是黃水晶（Citrine）。

香薰

能強化這個魔法的香品是紫藤（Wisteria）。如果你喜歡的話，將香品放在你陣法內一個安全的地方。然而，想在陣法外開始使用香薰也沒關係。

音樂

如果你喜歡音樂，覺得它不會讓你分心，你可能會想播放一些像美國原住民強力敲擊的鼓樂。只要你覺得舒服的音樂都好。

☾ 在你開始魔法儀式之前

請確定不會有讓你分心的事情。

可能的話，關掉所有電話。

播放音樂。

把燈光調暗一點。

在你開始前洗手或洗澡。

如果你要香薰的話，可以先點香。

準備你需要的所有東西，放在附近拿得到的地方。

畫你的陣法。

請求你的高層力量允許將訊息傳給你。

☽ 肯定語

在正式開始你的魔法之前，先在陣法內讀誦肯定語。

我體認到要在自營的生意上獲得成功，我必須對自己所做的事情充滿熱情和幹勁。我會花時間去全盤研究我的事業的優點和缺點。

我能了解，如果我抓住這個機會，順從我的運氣，就會得到物質上的收穫。當我充滿熱情的為某個事業努力時，我便跟宇宙同步合作。

我知道當宇宙發送要我對某事採取行動的積極念頭時，我不應該忽視它。這是一個直接的訊息，不管它是不是我真正的方向，它都會為我帶來深層的領悟。

如果我決定這是我通往幸福的道路，我會向前邁進，不會預期失敗。負面的思想、憤怒、恐懼和自憐會阻礙能量的流動。我會帶著正向能量，調整自己接通成功的振動頻率。

那就這樣吧！

☽ 如何舉行魔法儀式

當你建好陣法之後，點燃蠟燭，放輕鬆。把你的公司名稱寫在信封上。如果你還沒決定名字，那就在信封上寫「我的新生意」。把三顆種子放進信封裡，密封黏好。

現在，唸誦下列的咒語：

新的生意將從此開始，
一整年都會茁壯興旺，

沒有壓力和衝突能消減我的動力，

去吧！你現在已經充滿活力。

　　在你的心中以象徵結束儀式的聲明來做總結，像是「那就這樣吧！」「祝福」或「阿門」。

　　專心想著你想要你的生意達到什麼樣的目標，當你感覺已經做完儀式後，就熄滅蠟燭，解除你的陣法。

　　做完魔法儀式之後，把信封放在你家或辦公室內不會被丟棄的地方。抽屜或檔案櫃是不錯的選擇。三個月後，把這個信封丟掉，重複整個魔法儀式。只不過這一次要放進更大的種子（玉米、蘋果籽、整顆乾的碗豆）。三個月後，再做一次儀式，這次又換更大的種子（南瓜籽、向日葵籽、西瓜籽），等於在一年中舉行三次魔法儀式。

找工作

☽ 必要的強化物和魔法器具

這個魔法必要的器具包括如下描述中你為陣法選擇的所有器具。

你會需要：

- 木湯匙或棒子、冰棒木片、咖啡攪拌匙之類的。
- 藥草：肉桂、羅勒葉、薑、丁香（分別放在四個不同的容器內或四個不同的信封裡。）
- 可能的話，找玻璃製或木製的碗，或是你感覺特別的、可以裝藥草的任何一種容器。

蠟燭

你需要四支蠟燭：綠色、黃色、橘色和白色。把它們放在正方形的四面，而不是四個角落。把一支黃色蠟燭放在你面前，朝向東方，一支綠色蠟燭朝向北方，一支橘色朝向南方，另一支白色蠟燭放在你身後，朝向西方。

陣法

所有的魔法儀式剛開始都應該畫一個圓圈，這是你的防護罩。如果你要使用三角形或正方形，先造一個圓圈，然後在裡面製作你的陣法。

最適合這個魔法的陣法是正方形。請使用本書第 5 章中描述的方法創造你的陣法，用魔法棒、刀子，伸出手臂比出食指和中指來畫陣法，你也可以選擇用鹽巴或其他有形的東西來製作陣法。

面對的方向

如果你面向東方，這個魔法會最有效。在陣法中擺放好你的蠟燭和任何器具或強化物，這樣當你面向東方坐下時，這些東西會放在你的面前。

月相

這個魔法在新月或漸盈月時舉行效果最好，因為我們希望增加工作的機會，就像月亮漸盈到滿月那樣。

一週中的哪一天

最適合舉行這個魔法的日子是除了星期五的任何一天。

☽ 非必要的魔法強化物

下面的這些物品能為你的魔法增加深度，並且幫助自己更加專注，但這些不是必要的，就算你沒有這些東西也可以施展魔法。

寶石

這個魔法最適合的寶石是藍銅礦（Azurite）。如果要在你的陣法中使用除了我建議的這種以外的寶石，請將它們放在你面前，或是你內心想要的任

何一個位置。

香薰

能強化這個魔法的香品是**香水草**（Heliotrope）和**紫藤**。如果你喜歡的話，將這些香品放在你陣法內一個安全的地方。然而，想在陣法外開始使用香薰也沒關係。

音樂

如果你喜歡音樂，覺得它不會讓你分心，你可能會想播放一些樂器演奏的**大膽、有節奏感**，具有強力節拍的音樂。只要你覺得舒服的音樂都好。

☾ 在你開始魔法儀式之前

請確定不會有讓你分心的事情。

可能的話，關掉所有電話。

播放音樂。

把燈光調暗一點。

在你開始前洗手或洗澡。

如果你要香薰的話，可以先點香。

準備你需要的所有東西，放在附近拿得到的地方。

畫你的陣法。

請求你的高層力量允許將訊息傳給你。

☾ 肯定語

在正式開始你的魔法之前，先在陣法內讀誦肯定語。

我要求改變，請給我一個清晰的影像，這樣我才不會錯過對我有利的機會。我知道成功不只靠才能，還跟決心有關，這就是我的力量。我會聆聽我的直覺並聽從它的指引。如果某種方法不管用，我會了解這個「訊息」的含

意，並嘗試新的方法。這一次我請求宇宙送來額外的力量。藉著宇宙生命能量的力量，我會找到進取心。等到下一個陰曆月，願我能為我的新事業獻出感謝之意。

那就這樣吧！

☽ 如何舉行魔法儀式

當你建好陣法之後，點燃蠟燭，放輕鬆，讓自己集中精神。從左到右，一支一支的點燃蠟燭。把你的藥草逐一放進碗裡（次序並不重要），用木湯匙或攪拌器將它們混合，然後放到一旁。

現在，唸誦下列的咒語：

此時此刻我要做一個改變，
我現在要為人生做良好的安排，
我知道幸運和好命是屬於我的，
現在正是時候，快來我這裡吧！

如果你在戶外，那就站起來，把藥草拋到你前方的空中。

如果你在室內，熄滅你的蠟燭，解除你的陣法。在二十分鐘內去到戶外，把混合的藥草拋到空中。把它們丟出窗外也可以。

在你丟掉混合物之後說：「我的召喚已經釋放到天空中，儀式完成了。」

在你的心中以象徵結束儀式的聲明來做總結，像是「那就這樣吧！」「祝福」或「阿門」。

接受失業

☽ 必要的強化物和魔法器具

這個魔法必要的器具包括如下描述中你為陣法選擇的所有器具。

你會需要：

- 某種可以燃燒、代表你的舊工作或舊職位的東西：公司名片、文具或某種紙製的物品（你甚至可以從廣告黃頁電話簿中撕下舊公司的廣告。如果你什麼東西都沒有，可在一張紙上寫下那個公司的名稱或你的職位。）
- 可以燒東西的耐熱容器
- 火柴或打火機

蠟燭

你需要三支蠟燭：黑色、銀色／灰色和白色。把它們放在你的陣法內，在你周圍呈三角形的方式擺放。黑色蠟燭放在左邊的三角形基座點，銀色／灰色蠟燭放在右邊的基座點，白色放在你前面尖角的地方。

陣法

所有的魔法儀式剛開始都應該畫一個圓圈，這是你的防護罩。如果你要使用三角形或正方形，先造一個圓圈，然後在裡面製作你的陣法。

最適合這個魔法的陣法是圓圈。請使用本書第 5 章中描述的方法創造你的陣法，用魔法棒、刀子，伸出手臂比出食指和中指來畫陣法，你也可以選擇用鹽巴或其他有形的東西來製作陣法。

面對的方向

如果你面向西方，這個魔法會最有效。在你的陣法中擺放好你的蠟燭和

任何器具或強化物，這樣當你面向西方坐下時，這些東西會放在你的面前。

月相

這個魔法在漸虧月或暗月時舉行效果最好。

一週中的哪一天

最適合舉行這個魔法的日子是星期二、星期三、星期四和星期六。

☽ 非必要的魔法強化物

下面的這些物品能為你的魔法增加深度，並且幫助自己更加專注，但這些不是必要的，就算你沒有這些東西也可以施展魔法。

寶石

這個魔法最適合的寶石是銀。如果要在你的陣法中使用除了我建議的這種以外的寶石，請將它們放在你面前，或是你內心喜歡的任何一個位置。

香薰

能強化這個魔法的香品是鼠尾草（Sage）。如果你喜歡的話，將香品放在你陣法內一個安全的地方。然而，想在陣法外開始使用香薰也沒關係。

音樂

如果你喜歡音樂，覺得它不會讓你分心，你可能會想播放一些古典樂、新世紀音樂或任何大自然的聲音。只要你覺得舒服的音樂都好。

☽ 在你開始魔法儀式之前

請確定不會有讓你分心的事情。

可能的話，關掉所有電話。

播放靜心的音樂。

把燈光調暗一點。

在你開始前洗手或洗澡。

如果你要香薰的話，可以先點香。

準備你需要的所有東西，放在附近拿得到的地方。

畫你的陣法。

請求你的高層力量允許將訊息傳給你。

☾ 肯定語

在正式開始你的魔法之前，先在陣法內讀誦肯定語。

雖然我的工作被奪走了，但我體認到這樣也有好處。我會分析這個情況，然後放下它。我會擁抱這個重新開始和成長的機會。我不會再活在負面的思緒中，現在那些已成為過去的一部分了。我會將精力用在思考如何在我選擇的新領域中取得成功。我不會再表現得像受害者，不會再自哀自憐。我不會再跟別人抱怨或尋求同情。我獲得了一個天賜的禮物，我將會用它來改善自己。大自然具有一定的平衡力，所以，如果有空缺產生時，很快就會被補上。我將帶著喜悅和熱情，認真注意所有潛在的工作機會。我表達感謝之情，請以成功和幸福的振動頻率包圍我。

那就這樣吧！

☾ 如何舉行魔法儀式

當你建好陣法之後，從左到右，依序點燃蠟燭。把你的寶石（如果有使用寶石的話）放在你內心想放的任何位置。

接下來把代表你的舊工作或職位的紙製物品拿出來，放在燒東西的容器內燒掉它。

然後唸誦下列的咒語：

我放下這個工作，它的服務期已滿，

現在是我新的開始。

灰燼過後，新生即將到來，

我等待著下一個滿月出現。

　　在你的心中以象徵結束儀式的聲明來做總結，像是「那就這樣吧！」「祝福」或「阿門」。現在熄滅蠟燭，解除你的圓圈陣法。

升遷／加薪

☽ 必要的強化物和魔法器具

　　這個魔法必要的器具包括如下描述中你為陣法選擇的所有器具。

　　你會需要：

　　・九個硬幣

蠟燭

　　你需要一支黃色蠟燭、一支綠色蠟燭和一支白色蠟燭。把它們放在你面前，黃色在左邊，綠色在中間，白色在右邊。

陣法

　　所有的魔法儀式剛開始都應該畫一個圓圈，這是你的防護罩。如果你要使用三角形或正方形，先造一個圓圈，然後在裡面製作你的陣法。

　　最適合這個魔法的陣法是正方形。請使用本書第 5 章中描述的方法創造你的陣法，用魔法棒、刀子，伸出手臂比出食指和中指來畫陣法，你也可以選擇用鹽巴或其他有形的東西來製作陣法。

面對的方向

如果你面向東方，這個魔法會最有效。在你的陣法中擺放好你的**蠟燭**和任何器具或強化物，這樣當你面向東方坐下時，這些東西會放在你的面前。

月相

這個魔法在**漸盈月**時舉行效果最好，因為我們希望增加工作上的機會，就像增大的月亮漸盈到滿月那樣。

一週中的哪一天

最適合舉行這個魔法的日子是除了星期五之外的任何一天。

☽ 非必要的魔法強化物

下面的這些物品能為你的魔法增加深度，並且幫助自己更加專注，但這些不是必要的，就算你沒有這些東西也可以施展魔法。

寶石

這個魔法最適合的寶石是**橄欖石和血石**（Bloodstone）。如果要在你的陣法中使用除了我建議的這兩種以外的寶石，請將它們放在你面前，或是你喜歡的任何一個位置。

香薰

能強化這個魔法的香品是雲杉木（Spruce）。如果你喜歡的話，將這個香品放在你陣法內一個安全的地方。然而，想在陣法外開始使用香薰也沒關係。

音樂

如果你喜歡音樂，覺得它不會讓你分心，你可能會想播放一些有笛子、豎琴和鼓樂的振奮人心的音樂。只要你覺得舒服的音樂都好。

☽ 在你開始魔法儀式之前

請確定不會有讓你分心的事情。

可能的話,關掉所有電話。

播放音樂。

把燈光調暗一點。

在你開始前洗手或洗澡。

如果你要香薰的話,可以先點香。

準備你需要的所有東西,放在附近拿得到的地方。

畫你的陣法。

請求你的高層力量允許將訊息傳給你。

☽ 肯定語

在正式開始你的魔法之前,先在陣法內讀誦肯定語。

透過月亮光耀的振動頻率,今天我向宇宙祈求幫助,願我的努力和耐心獲得認可。我不是貪婪的人,但我相信能量的公平交易。我在我的職位中所付出的精力比獲得的回報更多。在接下來的九天中,公正的天平將取得平衡。如果我遇到了不如我預期的事情,我會重新思考我的情況,以不同的角度切入。我感覺月亮的能量接納了我的需要,認可了這個請求。我是宇宙的孩子,我知道宇宙會供應我一切的需求。

那就這樣吧!

☽ 如何舉行魔法儀式

點燃除了綠色之外的其他蠟燭。把九枚硬幣在綠色蠟燭四周擺成一個圓圈。擺放好之後,點燃這支蠟燭。

然後唸誦下列的咒語：

就這樣，以三乘三的倍數，
我的金錢會逐漸增加，
不會太少，也不會太遲，
九天之內，我就會知道結果。

在你的心中以象徵結束儀式的聲明來做總結，像是「那就這樣吧！」
「祝福」或「阿門」。

在接下來的九天中，多注意在你的工作場所中所發生的事情。

15 女性適用

你在神秘之中游移，
全神貫注、肯定的微笑著：
以做儀式的精確度
攪拌、品嚐、測量……

——珍‧斯塔爾‧溫特梅（Jean Starr Untermeyer）

　　我們常覺得女性有一些問題或感受只有其他的女性能夠了解。一般來說，我感覺女性的情緒表達比男人更明顯易見，這也是因為我們的思想和感受比較強烈，讓我感覺我們也比男性更快產生正面或負面的效果。因此，身為女性，我們一定要記住，如果妳貶低自己，感覺自己在人生的任何領域中都是失敗者，這很可能會成為一種「自證預言」（Self-fulfilling prophecy），這是我們應該防止發生的事情。舉行一個儀式可以幫妳平衡和集中混亂的能量，打開你的意識和潛意識的心去接收同樣的訊息。

生育

☾ 必要的強化物和魔法器具

這個魔法必要的器具包括如下描述中你為陣法選擇的所有器具。

你會需要：

- 罌粟花、鼠尾草和紫錐花（Echinacea），每種材料分別放在不同的容器或信封裡。
- 附繫繩的袋子
- 獨角獸雕像、相片或某個象徵性的物品（代表生育）

蠟燭

你需要三支蠟燭：黃色、紅色和粉紅色。

把它們放在你面前，在陣法內排成橫排，黃色在左邊，紅色在中間，粉紅色在右邊。

陣法

所有的魔法儀式剛開始都應該畫一個圓圈，這是你的防護罩。如果你要

使用三角形或正方形，先造一個圓圈，然後在裡面製作你的陣法。

最適合這個魔法的陣法是圓圈。請使用本書第 5 章中描述的方法創造你的陣法，用魔法棒、刀子，伸出手臂比出食指和中指來畫陣法，你也可以選擇用鹽巴或其他有形的東西來製作陣法。

面對的方向

如果你面向西方，這個魔法會最有效。在你的陣法中擺放好你的蠟燭和任何器具或強化物，這樣當你面向西方坐下時，這些東西會放在你的面前。

月相

這個魔法在滿月或漸盈月時舉行效果最好，因為我們希望增加生育的機會，就像月亮漸盈到滿月那樣。

一週中的哪一天

最適合舉行這個魔法的日子是除了星期三的任何一天。

☾ 非必要的魔法強化物

下面的這些物品能為你的魔法增加深度，並且幫助自己更加專注，但這些不是必要的，就算你沒有這些東西也可以施展魔法。

寶石

這個魔法最適合的寶石是粉水晶和綠松石。如果要在你的陣法中使用除了我建議的這兩種以外的寶石，請將它們放在你面前。

香薰

能強化這個魔法的香品是風信子（Hyacinth）、沒藥（Myrrh）和松樹。如果你喜歡的話，將這些香品放在你陣法內一個安全的地方。然而，想在陣法外開始使用香薰也沒關係。

音樂

如果你喜歡音樂，覺得它不會讓你分心，你可能會想播放一些祥和、冥

想和低頻的寧靜音樂。只要你覺得舒服的音樂都好。

☽ 在你開始魔法儀式之前

請確定不會有讓你分心的事情。

可能的話，關掉所有電話。

播放靜心的音樂。

把燈光調暗一點。

在你開始前洗手或洗澡。

如果你要香薰的話，可以先點香。

準備你需要的所有東西，放在附近拿得到的地方。

畫你的陣法。

請求你的高層力量允許將訊息傳給你。

★ 肯定語

在正式開始你的魔法之前，先在陣法內讀誦肯定語。

我坐在這個圓圈中央，請求能獲得賜福，希望有個孩子能進入我的生命中。願我的愛延伸出去，包圍這個尚未出生的孩子。

我看到我提供無條件的愛包圍著一個健康快樂的孩子。

願這個圓圈的能量給我堅強的力量和健康的身體，讓我能懷著這個孩子直到他進入他的人生。

那就這樣吧！

☽ 如何舉行魔法儀式

坐在你的圓圈中，拿出三種藥草，逐一（任何一種次序都可以）倒進附繫繩的袋子裡。讓這個袋子觸碰妳的肚子幾秒鐘，觀想妳懷孕的樣子（但不

要觀想孩子的性別）。

把袋子放在獨角獸面前，唸誦下列的咒語：

在明月中有個生命在成長，
我知道有個孩子在靠近我。
快樂、健康、充滿迷人的特質
我會把這個孩子抱在懷裡。

在你的心中以象徵結束儀式的聲明來做總結，像是「那就這樣吧！」「祝福」或「阿門」。現在熄滅蠟燭，解除妳的陣法。

注意：在接下來的九天中每天做一次，在睡前躺下來時，把這個袋子放在妳的肚子上，觀想自己懷孕的樣子。當妳懷孕後，保留這個袋子直到孩子出生為止。

生產順利

☽ 必要的強化物和魔法器具

這個魔法必要的器具包括如下描述中你為陣法選擇的所有器具。

你會需要：

- *元素水*
- *裝水的杯子（這個魔法最好用大杯子，因為杯子象徵生育和女性特質。）*

蠟燭

你需要三支蠟燭：**藍色、粉紅色和橘色**。把它們放在你面前，在陣法內排成一排，藍色在左邊，粉紅色在中間，橘色在右邊。

陣法

所有的魔法儀式剛開始都應該畫一個圓圈，這是你的防護罩。如果你要使用三角形或正方形，先造一個圓圈，然後在裡面製作你的陣法。

最適合這個魔法的陣法是**圓圈**。請使用本書第 5 章中描述的方法創造你的陣法，用魔法棒、刀子，伸出手臂比出食指和中指來畫陣法，你也可以選擇用鹽巴或其他有形的東西來製作陣法。

面對的方向

如果你面向**南方**，這個魔法會最有效。在你的陣法中擺放好你的蠟燭和任何器具或強化物，這樣當你面向南方坐下時，這些東西會放在你的面前。

月相

這個魔法在**滿月、新月或漸盈月**時舉行效果最好，因為我們希望增加良好的可能性，就像月亮漸盈到滿月那樣。

一週中的哪一天

舉行這個魔法的日子是**任何一天**都可以。

☾ 非必要的魔法強化物

下面的這些物品能為你的魔法增加深度，並且幫助自己更加專注，但這些不是必要的，就算你沒有這些東西也可以施展魔法。

寶石

這個魔法最適合的寶石是**粉水晶、綠松石和白水晶**。如果要在你的陣法中使用除了我建議的這三種以外的寶石，請將它們放在你面前。

香薰

能強化這個魔法的香品是**玫瑰和柳橙**。如果你喜歡的話，將這些香品放在你陣法內一個安全的地方。然而，想在陣法外開始使用香薰也沒關係。

音樂

如果你喜歡音樂，覺得它不會讓你分心，你可能會想播放一些**祥和、平穩和靜心**的音樂，像是有安眠曲性質，讓妳覺得有療癒作用的音樂。只要你覺得舒服的音樂都好。

☽ 在你開始魔法儀式之前

請確定不會有讓你分心的事情。

可能的話，關掉所有電話。

播放靜心的音樂。

把燈光調暗一點。

在你開始前洗手或洗澡。

如果你要香薰的話，可以先點香。

準備你需要的所有東西，放在附近拿得到的地方。

畫你的陣法。

請求你的高層力量允許將訊息傳給你。

☽ 肯定語

在正式開始你的魔法之前，先在陣法內讀誦肯定語。

我感覺到這個聖潔的心靈之愛，我心中充滿正念的思想和正向的希望，希望這個尚未出生的孩子會深入我的生活中，這個寶貝將會感受到奉獻的母愛。上天高層的力量會保佑和指引這個新生命的靈魂，輕鬆無障礙的進入這個世界。

那就這樣吧！

☽ 如何舉行魔法儀式

當妳坐在圓圈內時，雙手伸進元素水中，帶著水碰觸妳肚子上的皮膚，唸誦下列的咒語：

> 藉著此處的所有元素，
> 你的靈魂穿越時空到來。
> 你很高興來到這裡，你是個強壯的新生命，
> 我這麼說之後，它就會成為事實。

在你的心中以象徵結束儀式的聲明來做總結，像是「那就這樣吧！」「祝福」或「阿門」。現在熄滅蠟燭，解除妳的陣法。

把你的元素水倒在盆栽裡或倒到戶外。如果不得已，也可以把剩餘的水倒進水槽裡。讓水流經妳的手，倒進排水管裡時說：「回歸大地。」

愛（限女性）

☽ 必要的強化物和魔法器具

這個魔法必要的器具包括如下描述中你為陣法選擇的所有器具。

你會需要：

- 一個插著你喜歡的花的盤子或插花用具，擺在你面前（用真花最好，但乾淨漂亮的人造花也可以。）

蠟燭

你需要在你面前放一支粉紅色的蠟燭。

陣法

所有的魔法儀式剛開始都應該畫一個圓圈，這是你的防護罩。如果你要使用三角形或正方形，先造一個圓圈，然後在裡面製作你的陣法。

最適合這個魔法的陣法是圓圈。請使用本書第 5 章中描述的方法創造你的陣法，用魔法棒、刀子，伸出手臂比出食指和中指來畫陣法，你也可以選擇用鹽巴或其他有形的東西來製作陣法。

面對的方向

如果你面向南方，這個魔法會最有效。在陣法中擺放好你的蠟燭和任何器具或強化物，這樣當你面向南方坐下時，這些東西會放在你的面前。

月相

這個魔法在滿月、新月或漸盈月時舉行效果最好，因為我們希望增加良好的可能性，就像增大的月亮漸盈到滿月那樣。

一週中的哪一天

最適合舉行這個魔法的日子是星期天、星期二、星期五或星期六。

☾ 非必要的魔法強化物

下面的這些物品能為你的魔法增加深度，並且幫助自己更加專注，但這些不是必要的，就算你沒有這些東西也可以施展魔法。

寶石

這個魔法最適合的寶石是粉水晶、紅玉髓和白水晶。如果要在你的陣法中使用除了我建議的這三種以外的寶石，請將它們放在你面前。

香薰

能強化這個魔法的香品是麝香、沒藥、玫瑰和松樹。如果你喜歡的話，

將這些香品放在你陣法內一個安全的地方。然而，想在陣法外開始使用香薰也沒關係。

音樂

如果你喜歡音樂，覺得它不會讓你分心，你可能會想播放一些慢板、冥想的、安詳的樂器演奏音樂。只要你覺得舒服的音樂都好。

☾ 在你開始魔法儀式之前

請確定不會有讓你分心的事情。

可能的話，關掉所有電話。

播放靜心的音樂。

把燈光調暗一點。

在你開始前洗手或洗澡。

如果你要香薰的話，可以先點香。

準備你需要的所有東西，放在附近拿得到的地方。

畫你的陣法。

請求你的高層力量允許將訊息傳給你。

☾ 肯定語

在正式開始你的魔法之前，先在陣法內讀誦肯定語。

當我想到在人生中我不只接受愛，也給予他人愛時，我全身就充滿能量。我歡迎額外的愛的能量進入我的生命中，期待能付出更多的愛給他人。

不管我是獨處或是有一整群的人支持我，我永遠是被愛的，也有愛人的能力。我愛花草樹木，愛大自然的一切。我愛無條件愛我的天上的高層力量。

我愛我的女性直覺，當我聆聽它的聲音時，它總是給我很多幫助。

那些已經克服了某些困難的人愛我，他們至今仍在指引我、幫助我。

愛是讓我克服所有弱點的解毒劑。

那就這樣吧！

☾ 如何舉行魔法儀式

唸誦下列的咒語：

願愛有如療癒之流般流動不息，
有了愛就會有智慧，就能了解
每一天和每一個小時
我都在吸引著女性陰柔的能量。

在你的心中以象徵結束儀式的聲明來做總結，像是「那就這樣吧！」「祝福」或「阿門」。現在熄滅蠟燭，解除妳的陣法。

16 男性適用

要讓健康的身體保持一顆健康的心的最佳處方，就是成為一個真正的好男人。

——伯文（Bowen）

　　世上有很多幫助護持女性的團體和同情女性的意見，但支持男性的這類團體卻很少。身為女性，我不得不承認，男性沒辦法在所有人面前扮演好每一種角色，像人們期望的那樣既堅強又不情緒化。男性有時候甚至不像女性那樣有選擇的餘地。女性有決定她要不要當媽媽的合法權利，可是男性卻沒有這樣的選擇。如果女性決定她想要小孩，理論上，不管男性要不要，他都是爸爸。

　　這是一個很有爭議性的問題；我最近讀到一篇有趣的觀點說，將來有一天，男性若不想當爸爸的話，他可以自由離開，就像女性可以選擇墮胎那樣是合法的。

　　也就是說，下列的這些魔法是給想當爸爸，而且覺得為人父對他們具有重要意義的男性，不管他們是全職爸爸或者偶爾出現的父親。不過，我不會批評別人，我能了解雙方的論點。

　　這些愛的魔法能讓人達到真正的情緒覺醒並帶來祝福與和諧，所有的男性都可以考慮使用這些魔法。

為人父

☽ 必要的強化物和魔法器具

這個魔法必要的器具包括如下描述中你為陣法選擇的所有器具。

蠟燭

你需要在你面前放一支**粉紅色**的蠟燭。

陣法

所有的魔法儀式剛開始都應該畫一個圓圈，這是你的防護罩。如果你要使用三角形或正方形，先造一個圓圈，然後在裡面製作你的陣法。

最適合這個魔法的陣法是**圓圈**。請使用本書第 5 章中描述的方法創造你的陣法，用魔法棒、刀子，伸出手臂比出食指和中指來畫陣法，你也可以選擇用鹽巴或其他有形的東西來製作陣法。

面對的方向

如果你面向**南方**，這個魔法會最有效。在你的陣法中擺放好你的蠟燭和任何器具或強化物，這樣當你面向南方坐下時，這些東西會放在你的面前。

月相

這個魔法在**滿月、新月或漸盈月**時舉行效果最好，因為我們希望增加良好事物的可能性，就像月亮漸盈到滿月那樣。

一週中的哪一天

最適合舉行這個魔法的日子是**星期天、星期二、星期五或星期六**。

☾ 非必要的魔法強化物

下面的這些物品能為你的魔法增加深度，並且幫助自己更加專注，但這些不是必要的，就算你沒有這些東西也可以施展魔法。

寶石

這個魔法最適合的寶石是**粉水晶和紅玉髓**。

如果要在你的陣法中使用除了我建議的這兩種以外的寶石，請將它們放在你面前。

香薰

能強化這個魔法的香品是**迷迭香和紫丁香**。如果你喜歡的話，將這些香品放在你陣法內一個安全的地方。然而，想在陣法外開始使用香薰也沒關係。

音樂

如果你喜歡音樂，覺得它不會讓你分心，你可能會想播放一些竹笛或排

笛之類的音樂。只要你覺得舒服的音樂都好。

☾ 在你開始魔法儀式之前

請確定不會有讓你分心的事情。

可能的話，關掉所有電話。

播放靜心的音樂。

把燈光調暗一點。

在你開始前洗手或洗澡。

如果你要香薰的話，可以先點香。

準備你需要的所有東西，放在附近拿得到的地方。

畫你的陣法。

請求你的高層力量允許將訊息傳給你。

肯定語

在正式開始你的魔法之前，先在陣法內讀誦肯定語。

身為父親會提醒我，要對我的孩子付出我的時間和關心，這樣他們才永遠不會有被拋棄的感覺。雖然有時候很難做到這點，因為我們的孩子是他們自身體驗的產物；願我的孩子跟我在一起時能體驗到愛和情感共鳴。支持他們自由的表達對我很重要，因為這樣會提升自我價值。我會愛我的孩子與生俱來的天性，而不是認為他們應該成為符合我期待的人，我也會認可他們所有微小的成就。當我付出時間和支持時，表示我能給孩子更多的愛——除此之外沒有其他的代替物。

那就這樣吧！

☾ 如何舉行魔法儀式

唸誦下列的咒語：

我是一個父親，事實如此，

我心中會自然湧起愛和了解。

願宇宙能向我的孩子透露

我心中的愛，就跟我的感覺一樣。

閉上你的眼睛，觀想你的孩子健康快樂的微笑著。

在你的心中以象徵結束儀式的聲明來做總結，像是「那就這樣吧！」「祝福」或「阿門」。現在熄滅蠟燭，解除你的陣法。

愛（限男性）

☽ 必要的強化物和魔法器具

這個魔法必要的器具包括如下描述中你為陣法選擇的所有器具。

蠟燭

你需要在你面前放一支粉紅色的蠟燭。

陣法

所有的魔法儀式剛開始都應該畫一個圓圈，這是你的防護罩。如果你要使用三角形或正方形，先造一個圓圈，然後在裡面製作你的陣法。

最適合這個魔法的陣法是圓圈。請使用本書第 5 章中描述的方法創造你的陣法，用魔法棒、刀子，伸出手臂比出食指和中指來畫陣法，你也可以選擇用鹽巴或其他有形的東西來製作陣法。

面對的方向

如果你面向南方，這個魔法會最有效。在你的陣法中擺放好你的蠟燭和任何器具或強化物，這樣當你面向南方坐下時，這些東西會放在你的面前。

月相

這個魔法在滿月、新月或漸盈月時舉行效果最好，因為我們希望增加良好事物的可能性，就像月亮漸盈到滿月那樣。

一週中的哪一天

最適合舉行這個魔法的日子是星期天、星期二、星期五或星期六。

☽ 非必要的魔法強化物

下面的這些物品能為你的魔法增加深度，並且幫助自己更加專注，但這些不是必要的，就算你沒有這些東西也可以施展魔法。

寶石

這個魔法最適合的寶石是粉水晶、紅玉髓和白水晶。如果要在你的陣法中使用除了我建議的這三種以外的寶石，請將它們放在你面前。

香薰

能強化這個魔法的香品是迷迭香和紫丁香。如果你喜歡的話，將這些香品放在你陣法內一個安全的地方。然而，想在陣法外開始使用香薰也沒關係。

音樂

如果你喜歡音樂，覺得它不會讓你分心，你可能會想播放一些有竹笛或排笛之類的浪漫音樂。只要你覺得舒服的音樂都好。

☽ 在你開始魔法儀式之前

請確定不會有讓你分心的事情。

可能的話，關掉所有電話。

播放靜心的音樂。

把燈光調暗一點。

在你開始前洗手或洗澡。

如果你要香薰的話，可以先點香。

準備你需要的所有東西，放在附近拿得到的地方。

畫你的陣法。

請求你的高層力量允許將訊息傳給你。

☽ 肯定語

在正式開始你的魔法之前，先在陣法內讀誦肯定語。

我對他人更有愛，就會有更多的愛回報給我。不過，我付出愛並不是為了得到回報，只是單純因為付出我的時間和自己就足以讓我感到很快樂。

我會敞開心扉接納正向和負向的人。當我為愛我的人或我愛的人擔憂時，除了會讓我覺得無助之外，毫無益處。

所以，我選擇傳達愛的意念和強大的祝福給他們，我知道他們會立刻收到。

當我傷心或悲痛時，我不會覺得哭泣是丟臉的事情，因為我知道所有的人類都應該利用這種方式發洩情緒。如果我沒有愛人的能力，我就不會有這些情緒。是愛讓我能朝更高的目標繼續前進。我走的道路可能不適合別人，但如果我走在愛與光明之中，我就會成為別人的愛與光明。

☽ 如何舉行魔法儀式

唸誦下列的咒語：

天上的月亮，請賜給我光明，
讓我在白天或晚上都能看到愛。
我會抱緊愛，深深了解它，

愛會保護我，我無所畏懼。

在你的心中以象徵結束儀式的聲明來做總結，像是「那就這樣吧！」「祝福」或「阿門」。現在熄滅蠟燭，解除你的陣法。

17 靈性

我們的思想是打開世上很多道門的鑰匙。我們心中有某個東西能與我們的周圍、下方和上方的一切相互共鳴。

——薩繆爾・麥考德・克羅瑟斯（*Samuel McCord Crothers*）

靈性的魔法是我個人最愛的項目，因為它們總是很神秘又啟發人心。「當我們祈禱時，我們詢問；當我們冥想時，我們聆聽。」但當我們施展咒語或儀式時，我們詢問，我們聆聽，而且我們會行動。這是三合一的資訊和實踐。如果你在這本書中只想選一種魔法儀式，我會建議「神聖的訊息」這個魔法；在這裡，所有的事情都可能會變得清晰可見。

尋找人生的目的

☪ 必要的強化物和魔法器具

這個魔法必要的器具包括如下描述中你為陣法選擇的所有器具。

你會需要：

- 一小塊白水晶和一小塊紫水晶
- 附繫繩的袋子或某種能把它們收在一起的東西（一塊手帕或一塊布就可以了，不過先不要把它們放進袋子裡。）

蠟燭

你需要在你面前放一支紫色的蠟燭。

陣法

所有的魔法儀式剛開始都應該畫一個圓圈，這是你的防護罩。如果你要使用三角形或正方形，先造一個圓圈，然後在裡面製作你的陣法。

最適合這個魔法的陣法是三角形或圓圈。請使用本書第 5 章中描述的方法創造你的陣法，用魔法棒、刀子，伸出手臂比出食指和中指來畫陣法，你也可以選擇用鹽巴或其他有形的東西來製作陣法。

面對的方向

如果你面向東方，這個魔法會最有效。在你的陣法中擺放好你的蠟燭和

任何器具或強化物，這樣當你面向東方坐下時，這些東西會放在你的面前。

月相

這個魔法在**滿月**或**漸盈月**時舉行效果最好，因為我們希望增加良好事物的可能性，就像月亮漸盈到滿月那樣。

一週中的哪一天

最適合舉行這個魔法的日子是星期天、星期一或星期四。

☽ 非必要的魔法強化物

下面的這些物品能為你的魔法增加深度，並且幫助自己更加專注，但這些不是必要的，就算你沒有這些東西也可以施展魔法。

寶石

這個魔法最適合的寶石是**紫水晶和白水晶**。如果要在你的陣法中使用除了我建議的這兩種以外的寶石，請將它們放在你面前。

香薰

能強化這個魔法的香品是**乳香**（Frankincense）、**甜茅草**（Sweetgrass）**或鼠尾草**。如果你喜歡的話，將這些香品放在你陣法內一個安全的地方。然而，想在陣法外開始使用香薰也沒關係。

音樂

如果你喜歡音樂，覺得它不會讓你分心，你可能會想播放一些冥想或安詳的音樂，或許是海洋的聲音之類的。只要你覺得舒服的音樂都好。

☽ 在你開始魔法儀式之前

請確定不會有讓你分心的事情。

可能的話，關掉所有電話。

播放靜心的音樂。

把燈光調暗一點。

在你開始前洗手或洗澡。

如果你要香薰的話，可以先點香。

準備你需要的所有東西，放在附近拿得到的地方。

畫你的陣法。

請求你的高層力量允許將訊息傳給你。

☽ 肯定語

在正式開始你的魔法之前，先在陣法內讀誦肯定語。

在明亮的月光中，我有點挫敗的詢問：我為什麼來這裡？我的人生目的是什麼？我是否具有應該要追求的特殊地位或目標？

我是不是因為還沒達到我出生於此的特別成就感到焦慮？我是不是在強求一些尚未能揭露給我知道的答案？年復一年的過去，我是不是感覺這個時候該到了，因為我說現在也該是時候了？我不知道，請告訴我，幫助我，給我一個清晰的思維。

或許我已經做了我人生中該做的事情，或許我的虛榮心認為我應該做出更偉大的貢獻。每個人都有他自己的目標；我觀察大自然，螞蟻有牠們的地位，老鷹也一樣。

我將來會改變世界嗎？我是否注定應該在幕後護持他人？每次我給人溫暖的笑容和對陌生人點頭致意時，我是否有在幫助這個星球？我們所做的每件事情都要很偉大才算嗎？要讓所有人看到我們所做的好事並認可這些事情才可以嗎？也許我已經完成了我出生的目的，只是自己不知道而已。請透過全知存有的智慧和能量為我帶來指引，讓我知道我是否已經完成了我的人生目標，或者我正在踏上通往這個目標的路上？

我的年齡和欲望與此無關，我信仰的高層力量知道路該怎麼走。

我會耐心的等待，我會耐心的學習我真正的人生目標是什麼。我會放下想知道的欲望，接受一切，將會依宇宙的計畫進化。我在這裡，我已經準備好了。

那就這樣吧！

☽ 如何舉行魔法儀式

拿起你的水晶，把它們放進袋子裡或用布包起來。手拿著袋子，唸誦下列的咒語：

> 我手中的水晶也是導體，
> 答案和諭示會透過它們傳送過來。
> 在我的夢中，我會看見什麼是真實的，
> 夢境會揭示我的命運。

在你的心中以象徵結束儀式的聲明來做總結，像是「那就這樣吧！」「祝福」或「阿門」。現在熄滅蠟燭，解除你的陣法。

把裝水晶的袋子放在枕頭下或床邊，讓它們伴你入睡。

接下來的三天，多注意你的夢境。在你的夢境中尋找象徵性的意義，那裡會有你想要的答案。

神聖的訊息

☽ 必要的強化物和魔法器具

這個魔法必要的器具包括如下描述中你為陣法選擇的所有器具。

你會需要：

- 塔羅牌
- 或是靈視占卜用的鏡子（能映照影像的黑色鏡面）、水晶或任何你可以凝視觀想的東西（如果這些占卜的東西你都沒有，那就用一個碗，裝半碗的水）。你可以利用水中的倒影來挑選影像。）

蠟燭

你需要在你面前的左邊放一支紫色的蠟燭，右邊放一支黃色的蠟燭。

陣法

所有的魔法儀式剛開始都應該畫一個圓圈，這是你的防護罩。如果你要使用三角形或正方形，先造一個圓圈，然後在裡面製作你的陣法。

最適合這個魔法的陣法是三角形或圓圈。請使用本書第 5 章中描述的方法創造你的陣法，用魔法棒、刀子，伸出手臂比出食指和中指來畫陣法，你也可以選擇用鹽巴或其他有形的東西來製作陣法。

面對的方向

如果你面向南方，這個魔法會最有效。在你的陣法中擺放好你的蠟燭和任何器具或強化物，這樣當你面向南方坐下時，這些東西會放在你的面前。

月相

這個魔法在滿月或漸盈月時舉行效果最好，因為我們希望增加良好事物的可能性，就像月亮漸盈到滿月那樣。

一週中的哪一天

最適合舉行這個魔法的日子是星期天、星期一、星期四或星期五。

☽ 非必要的魔法強化物

下面的這些物品能為你的魔法增加深度，並且幫助自己更加專注，但這些不是必要的，就算你沒有這些東西也可以施展魔法。

寶石

這個魔法最適合的寶石是**綠碧璽**（Green tourmaline）。如果要在你的陣法中使用除了我建議的這種以外的寶石，請將它們放在你面前。

香薰

能強化這個魔法的香品是**紫藤**。如果你喜歡的話，將香品放在你陣法內一個安全的地方。然而，想在陣法外開始使用香薰也沒關係。

音樂

如果你喜歡音樂，覺得它不會讓你分心，你可能會想播放一些像豎琴或笛子這類樂器演奏的冥想或靜心的音樂。只要你覺得舒服的音樂都好。

☽ 在你開始魔法儀式之前

請確定不會有讓你分心的事情。

可能的話，關掉所有電話。

播放靜心的音樂。

把燈光調暗一點。

在你開始前洗手或洗澡。

如果你要香薰的話，可以先點香。

準備你需要的所有東西，放在附近拿得到的地方。

畫你的陣法。

請求你的高層力量允許將訊息傳給你。

☽ 肯定語

在正式開始你的魔法之前，先在陣法內讀誦肯定語。

我安詳滿足的坐在此地，準備接收即將傳給我的所有訊息。我會對今晚即將接收到的信息信受奉行。我並沒有刻意要追尋什麼，我會調整自己，接

收高層力量選擇要分享給我的任何事。我不會去猜測到底是什麼事，請將訊息以強烈、響亮和清晰的方式傳給我吧！我會仔細聆聽，因為我已經接通了宇宙生命力能量的頻道。讓它流過來吧！我在傾聽，我能了解，我想看到光明、看見道路和平衡。我現在會安靜坐著，專心聆聽。

我呼喚這些訊息來找我。

☽ 如何舉行魔法儀式

現在唸誦下列的咒語：

這個頻道傳來一個景象，
讓這個信息明亮和真實吧！
視覺的影像在黑夜中起舞，
我的信息現在已經出現了。

如果你想使用塔羅牌或一般的撲克牌，只要抽出三張，以你學到的占卜解讀方式去選擇訊息。如果你選擇用靈視占卜的鏡子、水晶或一碗水，那就注視它。試著讓你眼睛的視焦幾乎全部模糊，看看你是否能收到任何影像。（除非你已經使用這個方式一段時間了，否則需要花點時間練習，所以，如果你一開始沒看到任何影像，那就改天再舉行一次魔法儀式，再試一次。）如果這些「靈視」的方法對你都不管用，那就說：「請在下次滿月時將訊息傳到我的夢境中。」

在你的心中以象徵結束儀式的聲明來做總結，像是「那就這樣吧！」「祝福」或「阿門」。現在熄滅蠟燭，解除你的陣法。

團體冥想／用於任何目的的魔法儀式

☾ 必要的強化物和魔法器具

除非這個團體中有人決定要使用某些東西，否則任何器具都不是必要的。

一週中的哪一天

滿月時的任何一天都適合舉行這個魔法。

陣法

所有的魔法儀式剛開始都應該畫一個圓圈，這是你們的防護罩。如果你要使用三角形或正方形，先造一個圓圈，然後在裡面製作你們的陣法。

最適合這個魔法的陣法是圓圈。請使用本書第 5 章中描述的方法創造你們的陣法，用魔法棒、刀子，伸出手臂比出食指和中指來畫陣法，你們也可以選擇用鹽巴或其他有形的東西來製作陣法。

月相

這個魔法在滿月時舉行效果最好。

面對的方向

任何方向都好。

☾ 如何舉行團體冥想／魔法儀式

團體冥想至少要兩人以上。

跟團體合作時，最好請每個人都事先安排好時間，把當天晚上的其他事情全部排開：事先做好規劃很重要。然而，我們的生活都很忙碌，我們有家庭的義務、工作和其他答應要辦的事情是可以理解的。因此，我們可能沒有充足的時間花一整個晚上來舉行這個儀式。如果是這種情況的話，從開始到結束的時間起碼要預先準備三個小時，若有必要的話，還要加上交通時間。

事先決定好，你們為什麼要做這個團聚，比方說，為了世界和平或希望讓某個特別的人身心痊癒之類的事情。一定要指定團體中的某個人擔任領導人或引導員。這個人要負責安排每件事，讓一切準備就緒。這些事應該在儀式開始前就準備好。

而且團體的領導人或另一個人應該創作咒語，把它寫在紙張上讓領導人唸誦。可能是像這個簡單的句子：「我們今晚聚在此處是為了替全球提升世界和平的振動頻率，那就這樣吧！」或者也可以寫得更複雜一些。

不管你是要站著或坐著，或是要舉起雙手，全看這個團體或是組織幹部怎麼決定。在這個團體冥想／魔法儀式中，有時候坐著最好，因為你會處於身心轉變的狀態中，可能會失去平衡。不管你們的決定是什麼，應事先做好選擇。等每個人都走到各自的位置後，引導員應該要來到團體中的主導位置，以平靜緩慢的聲音說話，開始冥想／魔法儀式。這個人不應該站在中央背對任何人，而是圓圈中的一員。

☽ 如何舉行魔法儀式

引導員以正常的方式施展圓圈陣法，團體的領導人說：

「閉上你的眼睛，當我從一數到十的時候，想像你離開自己的肉身，越來越靠近月亮。

一——深呼吸，慢慢吐氣。

二——深呼吸，再次慢慢吐氣。

三——感覺你朝月亮的光芒中慢慢飛升。

四——感覺月亮的能量越來越靠近。

五——繼續閉著眼睛，慢慢吐氣。

六——當你吐氣時，想像你現在身上的，或是從過去到現在的負能量離開你。

七——感覺月光的振動頻率，大地在下方，你很安全，有一團白光包圍著你。

八——你現在接通了月亮的正能量。觀想你在這個發亮的星球上，你是坐著、站著、走著，或只是在它旁邊？想像你位在哪裡。

九——仍然閉著眼睛。吸收這個力量，吸收生命力。你現在是這個生命力能量的一部分，不只是一個旁觀者。你跟宇宙合而為一。花點時間停留在這個境界中，盡量不要想任何事或想像任何東西。

（引導員應該保持沉默五到十秒鐘。）

十——眼睛繼續閉著，我現在要唸冥想的句子了，請注意聽。」

（這時引導員唸誦咒語／冥想。冥想結束後，引導員說：「那就這樣吧！」團體中的其他人也可以重複這句話。）

引導員現在唸誦：

「我們現在應該慢慢從這個心境中返回，當我從十倒數到一時，你會看到自己慢慢下降回到地面。

十、九、八、七——月亮的能量仍跟你在一起……六、五、四——觀想我們的團體在下方。三、二——你現在已經回到自己的身體裡了。一——張開你的眼睛。」

這時候引導員讓大家做自己想做的事情。有人會留在自己的位置上凝望月亮。有些團體會留在各自的位置，討論他們剛才的體驗。這種情況下，應該鼓勵大家談話。所有人應該事先說好，他們認為該怎麼做比較合適。

離開時記得要解除陣法，熄滅所有的蠟燭，讓這個區域保持乾淨。一定要尊重自己、他人和這個星球。

18 雜項魔法

你心中的欲望與你同在!

——莎士比亞(*Shakespeare*)

　　這個章節所收錄的魔法無法放進本書中的任何一個特定類別，但又是一些很強大，應該要仔細檢視的魔法。除了「束縛魔法」是為了情有可原的情況之外，在這個段落中的每個魔法都經過很多人接受並驗證過，而且得到極好的回應。如果你對其他領域沒有特殊的需要，但又喜歡施展魔法，可以利用這些魔法體驗一種魔法先驅者的感覺！

改善溝通

☾ 必要的強化物和魔法器具

這個魔法必要的器具包括如下描述中你為陣法選擇的所有器具。

你會需要：

- 一支筆
- 一個碗
- 完整的月桂葉（你可以在任何雜貨店的香料區買到整罐的月桂葉。你應該在你的陣法內多準備一些葉子放在手邊備用。當你結束魔法儀式時，可能會想要有個可以絞碎葉子的東西，像是研缽和杵，或是辣椒研磨機，這得看你的葉子有多鬆脆易碎。）

蠟燭

　　你需要四支蠟燭，放在正方形的四面。一支**藍色**蠟燭放在東邊，**褐色**放在北邊，**銀色／灰色**放在西邊，**白色**放在你面前的南邊。

陣法

　　所有的魔法儀式剛開始都應該畫一個圓圈，這是你的防護罩。如果你要使用三角形或正方形，先造一個圓圈，然後在裡面製作你的陣法。

最適合這個魔法的陣法是正方形。請使用本書第 5 章中描述的方法創造你的陣法，用魔法棒、刀子，伸出手臂比出食指和中指來畫陣法，你也可以選擇用鹽巴或其他有形的東西來製作陣法。

面對的方向

如果你面向南方，這個魔法最有效。在你的陣法中擺放好你的蠟燭和任何器具或強化物，這樣當你面向南方坐下時，這些東西會放在你的面前。

月相

這個魔法在**漸盈月**時舉行效果最好，因為我們希望增加某種事物，就像月亮漸盈到滿月那樣。

一週中的哪一天

任何一天都可以舉行這個魔法。

☽ 非必要的魔法強化物

下面的這些物品能為你的魔法增加深度，並且幫助自己更加專注，但這些不是必要的，就算你沒有這些東西也可以施展魔法。

寶石

這個魔法最適合的寶石是**藍寶石（Sapphire）、綠碧璽和綠柱石（Beryl）**。如果要在你的陣法中使用除了我建議的這三種以外的寶石，請將它們放在你面前。

香薰

能強化這個魔法的香品是**紫藤**。如果你喜歡的話，將香品放在你陣法內一個安全的地方。然而，想在陣法外開始使用香薰也沒關係。

音樂

如果你喜歡音樂，覺得它不會讓你分心，你可能會想播放一些**古典樂、自然原聲樂或新世紀音樂**。只要你覺得舒服的音樂都好。

☪ 在你開始魔法儀式之前

請確定不會有讓你分心的事情。

可能的話，關掉所有電話。

播放靜心的音樂。

把燈光調暗一點。

在你開始前洗手或洗澡。

如果你要香薰的話，可以先點香。

準備你需要的所有東西，放在附近拿得到的地方。

畫你的陣法。

請求你的高層力量允許將訊息傳給你。

☪ 肯定語

在正式開始你的魔法之前，先在陣法內讀誦肯定語。

我今天在這裡想尋求答案，我感覺到我的指導靈和高層力量的智慧。我感覺到所有生命的源頭。我因為某個問題心生困擾，改善溝通能力或許可以幫我解決這個問題。請傳給我想法，傳給我語言，傳給我力量去做與此事有關的每個人都有利的事情。

我會盡一切努力去告訴（某人的名字）我的擔憂，這件事是（形容擔憂的事情）。

我去面對他／她時，會讓心調整到平靜的情緒，沒有別的干擾會強烈影響我們。我會平靜地表達我的感覺，不會使用聽起來具有批判和批評的文字。我不會去傷害人，或讓（某人的名字）感到愧疚。我想改善這個情況，請幫助我說出需要說的話。如果（某人的名字）選擇不要回應或不跟我合作，到時我一定要做出一個選擇。我會竭盡所能來解決這個問題，但現在這

件事需要我們兩個一起合作才能獲得雙贏。

我感覺真實的洞見包圍我，我接受你，請告訴我新的道路，為我帶來清明。幫我克服無法說出心聲的弱點。我會主動開始溝通，如果這樣無法帶來解決之道，那也許這件事就註定無法解決了。

請在下一輪的月相週期傳給我答案，讓我心中充滿新的想法和指引。

那就這樣吧！

☾ 如何舉行魔法儀式

拿起你的月桂葉，盡你所能在這片葉子上寫上那個人的名字。如果這片葉子碎掉了，那就用另一片葉子重寫，只要寫那個人名字的縮寫字母。記得一定要輕輕地寫！

把月桂葉揉碎放進碗裡，或用你手邊方便研磨香藥草的廚房用具磨碎它。

然後唸誦下列的咒語：

願各界的風和空氣傳送我的祈求，
感覺我的思緒飛向你。
以光的速度飛越而去，
聽到它，感受它，今晚就在此處。

拿著你揉碎的月桂葉，如果你在戶外的話，將它從你手中吹到風中。

如果你在室內的話，魔法儀式完成後，走到戶外一會兒，或是打開門或窗戶，將它從你手中吹到風中。

在你的心中以象徵結束儀式的聲明來做總結，像是「那就這樣吧！」「祝福」或「阿門」。現在熄滅蠟燭，解除你的陣法。

生日魔法

你生日這一天當然是認識你自己的力量和為當年度的健康福祉施展魔法的好時機。這個魔法可以在你生日當天舉行或是你出生的那一個月份舉行。

☽ 必要的強化物和魔法器具

這個魔法必要的器具包括如下描述中你為陣法選擇的所有器具。

你會需要：

- 燃燒物品的容器和火柴
- 一小塊你最喜歡吃的甜點（你可能會選擇蛋糕、派、酥皮點心或一塊軟糖。如果你不能吃甜食，那就用一塊起司或一小塊你喜歡的食物代替。）
- 水
- 葡萄酒或果汁（顏色不重要）
- 三張紙和一支筆或鉛筆
- 一塊磚塊、石頭或一塊木頭（大小不重要）

蠟燭

你需要三支蠟燭：**紅色、白色和黃色**。把蠟燭放在你前面排列成三角形，三角形左下方是紅色，中間是白色（三角形的尖角朝向北方），右下角放黃色。

陣法

所有的魔法儀式剛開始都應該畫一個圓圈，這是你的防護罩。如果你要使用三角形或正方形，先造一個圓圈，然後在裡面製作你的陣法。

最適合這個魔法的陣法是**圓圈**。請使用本書第 5 章中描述的方法創造你

的陣法，用魔法棒、刀子，伸出手臂比出食指和中指來畫陣法，你也可以選擇用鹽巴或其他有形的東西來製作陣法。

面對的方向

如果你面向北方，這個魔法會最有效。在你的陣法中擺放好你的蠟燭和任何器具或強化物，這樣當你面向北方坐下時，這些東西會放在你的面前。

月相

這個魔法任何時間的月相都可以舉行（畢竟，這是你的生日！）。

一週中的哪一天

任何一天都可以舉行這個魔法儀式。

☽ 非必要的魔法強化物

下面的這些物品能為你的魔法增加深度，並且幫助自己更加專注，但這些不是必要的，就算你沒有這些東西也可以施展魔法。

寶石

這個魔法最適合的寶石是你的**誕生石**。下面有個清單列出每種寶石的涵義，還有生日花的涵義，這個魔法儀式也可以使用生日花。

✳ 誕生石和生日花

月份	寶石	花朵
一月	石榴石（堅定）	康乃馨
二月	紫水晶（真誠）	紫羅蘭
三月	血石（勇氣）	長壽花（Jonquil）
四月	鑽石（純真）	香豌豆
五月	翡翠（愛的成功）	歐陵蘭（Lily of the Valley）
六月	珍珠（健康）	玫瑰

月份	寶石	花朵
七月	紅寶石（滿足的心）	翠雀花（Larkspur）
八月	纏絲瑪瑙（Sardonyx）（婚姻幸福）	劍蘭
九月	藍寶石（愛）	紫菀（Aster）
十月	蛋白石（希望）	金盞花（Calendula）
十一月	黃玉（忠誠）	菊花
十二月	綠松石（興旺）	水仙花

　　不同派別對誕生石的看法可能略有不同，看你參考的資料源頭出自哪裡，但我認為這是蠻常見的分類。如果你喜歡的話，也可以進一步去尋找其他的資料。

香薰

　　能強化這個魔法的香品是**柑橘類**。如果你喜歡的話，將香品放在你陣法內一個安全的地方。然而，想在陣法外開始使用香薰也沒關係。

音樂

　　如果你喜歡音樂，覺得它不會讓你分心，你可能會想播放一些**快樂和祥和**的音樂。只要你覺得舒服的音樂都好。

☪ 在你開始魔法儀式之前

　　請確定不會有讓你分心的事情。

　　可能的話，關掉所有電話。

　　播放靜心的音樂。

　　把燈光調暗一點。

　　在你開始前洗手或洗澡。

　　如果你要香薰的話，可以先點香。

準備你需要的所有東西，放在附近拿得到的地方。

畫你的陣法。

請求你的高層力量允許將訊息傳給你。

☾ 如何舉行魔法儀式

在三張不同的紙上寫下三個目標、希望或欲望。（如果你想要事先用打字的也可以。）我們利用三這個數字的振動能量，因為三代表豐富和多數。

把這些寫著你的希望的紙張拿在手上，一張張地唸出來，或是對自己說出來。讀完每一個欲望之後，把它們放在燒東西的容器內燒掉。

當你燒完所有的三張紙後，唸誦下列的咒語：

我傳送我的願望……三個欲望，
願它們散布出去，再回到我身邊。

接下來：

說：「願我永不飢餓。」吃一口蛋糕。

說：「願我永不口渴。」喝一口水。

說：「願我永遠不會無家可歸。」用手輕敲你的磚塊、木頭或石頭三下。

點燃紅色蠟燭說：「願我永遠有福氣得到身體健康。」

點燃黃色蠟燭說：「願我永遠有福氣得到心理健康。」

點燃白色蠟燭說：「願我永遠有福氣得到精神健康。」

喝一口葡萄酒或果汁說：

今天我為自己慶祝，

今天我獲得重生，

今天我追隨神性指引的道路。

　　在你的心中以象徵結束儀式的聲明來做總結，像是「那就這樣吧！」「祝福」或「阿門」。現在熄滅蠟燭，解除你的陣法。

　　以你覺得適當的任何方式處理灰燼，因為這個訊息已經在燃燒時透過煙霧傳送出去了。

擺脫某人（束縛魔法）

　　警告讀者：這個魔法無法撤銷，請謹慎使用。人生經驗中若是不具備一些成熟的智慧和對人生有深刻了解的人不適合使用這個魔法。束縛魔法具有很大的爭議性，我認真考慮了很久，到底要不要把束縛魔法放進這本書裡，然而，經過靜坐冥想和得到神性的忠告後，我決定把這個魔法加進來。

　　這個魔法的目的是為了阻止想要在心理、肉體和靈性方面傷害你的人，或者可能是企圖傷害他們自己的人。不過，有些人反對使用這個魔法的理由也是合理的，因為你有可能誤解別人。如果你不確定要不要舉行束縛魔法儀式……那就不要使用。改用這個章節裡面的白光防護魔法可能比較合適。

　　一定要完全、徹底地了解這個魔法無法取代專業的執法人員、律師或顧問的協助。不要把這個魔法當成某種保護，否則你可能會產生虛假的安全感！這個魔法的目的是為了在你已經採取一般常識的預防措施之後，再增加額外的力量和能量。只有當你竭盡一切所能找過執法人員和社會協助來阻止這個人接近你之後，你才舉行這個魔法儀式。這個魔法的目的並不是為了阻止騷擾電話、討人厭的訪客，或只是想趕走讓你厭煩或非常生氣的人……因

為這個魔法的威力太強大了。

☾ 必要的強化物和魔法器具

這個魔法必要的器具包括如下描述中你為陣法選擇的所有器具。

你會需要：

- 人像或人偶＊（請看上圖）
- 繩索、細繩、毛線或是某種能讓你綁住人偶的東西
- 鹽巴

＊在這個部分，你應該製作一個有兩條手臂、兩條腿和一個頭的人偶。你可以親手縫一個人偶，然後在裡面塞填充物，你也可以用硬紙板或某種堅硬的東西剪個人像。在這個人偶上面寫那個人的名字，或是用某種方式把他們的相片貼在人偶上。你也可以用玉米皮或其他的材料做一個看起來像人形的人偶。

人偶或娃娃人像可能會讓某些人覺得緊張，因為他們會把這個聯想到巫術。這不是巫術，只是這個魔法使用人形娃娃，而巫術也使用這種人偶，所

以有這種擔憂是可以理解的。然而，你使用它是為了保護自己，並不是為了傷害別人。你束縛他們是為了讓他們不傷害你或傷害他們自己。

（如果看到這裡，束縛魔法仍然讓你覺得不舒服，那就不要使用它。）

蠟燭

你需要在你面前放一支黑色蠟燭。

陣法

所有的魔法儀式剛開始都應該畫一個圓圈，這是你的防護罩。如果你要使用三角形或正方形，先造一個圓圈，然後在裡面製作你的陣法。

最適合這個魔法的陣法是三角形。請使用本書第 5 章中描述的方法創造你的陣法，用魔法棒、刀子，伸出手臂比出食指和中指來畫陣法，你也可以選擇用鹽巴或其他有形的東西來製作陣法。

面對的方向

如果你面向西方，這個魔法會最有效。在你的陣法中擺放好你的蠟燭和任何器具或強化物，這樣當你面向西方坐下時，這些東西會放在你的面前。

月相

這個魔法在漸虧月或暗月時舉行效果最好。

一週中的哪一天

最適合舉行這個魔法儀式的日子是星期天或星期六。

☽ 非必要的魔法強化物

下面的這些物品能為你的魔法增加深度，並且幫助自己更加專注，但這些不是必要的，就算你沒有這些東西也可以施展魔法。

寶石

這個魔法最適合的寶石是黑玉、黑曜石和白水晶。如果要在你的陣法中使用除了我建議的這三種以外的寶石，請將它們放在你面前。

香薰

能強化這個魔法的香品是花梨木（Rosewood）和薰衣草。如果你喜歡的話，將這些香品放在你陣法內一個安全的地方。然而，想在陣法外開始使用香薰也沒關係。

音樂

如果你喜歡音樂，覺得它不會讓你分心，你可能會想播放一些低頻率的安詳和靜心的樂器演奏音樂。只要你覺得舒服的音樂都好。

☾ 在你開始魔法儀式之前

請確定不會有讓你分心的事情。

可能的話，關掉所有電話。

播放靜心的音樂。

把燈光調暗一點。

在你開始前洗手或洗澡。

如果你要香薰的話，可以先點香。

準備你需要的所有東西，放在附近拿得到的地方。

畫你的陣法。

請求你的高層力量允許將訊息傳給你。

☾ 肯定語

在正式開始你的魔法之前，先在陣法內讀誦肯定語。

我選擇施展這個特別魔法的原因，是因為我覺得我檢視過所有其他的可能性，現在已經別無選擇了。在我舉行這個無法撤銷的魔法儀式之前，我會仔細深思，看這是不是一個正確的選擇。如果我改變主意的話，我會改用另一種防護魔法。現在我將決定是否執行這個威力強大的行動。（如果你決定

不做的話，也許是最好的選擇。）

☽ 如何舉行魔法儀式

1. 現在點燃黑色蠟燭。

2. 拿起你的人偶，用繩索、細繩或緞帶綁住它。當你纏繞繩子時說：「我綁住你（某人的名字），讓你不再傷害自己或他人。」你一定要把雙臂和雙腿綁起來，用繩子把整個頭部覆蓋住，這表示任何可能傷害人的部分都不能放任它自由活動。

3. 在人偶上撒鹽。

4. 現在再說一次：「我綁住你（某人的名字），讓你不再傷害自己或他人。」

然後唸誦下列的咒語：

當這個繩子纏好時，
你就被綁住了。
我展現了我的力量，
你已被我封印，
這不會傷害你，只會讓你遠離我，
從今天開始你就無法傷害人了。

在你的心中以象徵結束儀式的聲明來做總結，像是「那就這樣吧！」「祝福」或「阿門」。現在熄滅蠟燭，解除你的陣法。

把人偶拿起來，埋在你住家土地的地底下，或者如果你有壁爐或戶外的火爐，你可以燒掉它。記住，你沒有傷害任何人，只是為了阻止未來可能發

生的事情。

增強通靈力／激發內在力量

這個魔法會讓你更有信心深入探索和提升你的通靈能力。它也能增加你想體驗新的占卜形式的意願。它有助於打開你的第三眼，這是你的直覺之眼，也是通靈力的中心，來自靈界的資訊就是從這裡接收的。它屬於乙太，而且顯然肉眼是看不見的。第三眼也是你的第六脈輪，是體內一種看不見、旋轉的能量漩渦。

如果你想讓直覺更靈敏，舉行這個魔法儀式能喚起通靈力。你的天賦就是召喚／喚起。你通靈力會應召而來。

舉行這個魔法儀式時不要急，慢慢來，可以獨自一人或與一位異性共同舉行儀式，這樣就能使用男性和女性，陰與陽兩者的重要力量。

☽ 必要的強化物和魔法器具

這個魔法必要的器具包括如下描述中你為陣法選擇的所有器具。

所有的器具都應該放在人前面的地板上、桌子上或祭壇上。

你會需要：

· 葡萄酒或果汁（白色或紅色）

· 特別的玻璃杯或聖餐杯（如果你跟另一個人一起舉行這個魔法儀式，你可以選擇從同一個聖餐杯裡喝，混合兩人的能量。）

· 香薰、古龍水、香水或你認為在這個儀式中一定要聞到的味道（如果你不喜歡這裡建議的香品，可使用你覺得舒服的任何東西。）

· 深紫色的衣服（絲綢、天鵝絨、毛氈或其他柔軟的布料），任何尺寸

都可以。

・鐘、銅鑼或鈴（如果你沒有單獨的鐘鈴，有時候用風鈴也可以。提示：如果你使用大型的風鈴，在你的圓圈中找不到地方掛的話，你可能得放在地面上。你只需要確定你可以讓兩個風鈴互相敲擊，或是用某個東西敲擊它，以便發出鈴聲即可。建議直接在風鈴下方創建陣法，這樣你只要站起來就能敲打它。）

蠟燭

你需要三支蠟燭：紫色、橘色和白色。把它們在你面前排成一排，紫色在左邊，白色在中間，橘色在右邊。

陣法

所有的魔法儀式剛開始都應該畫一個圓圈，這是你的防護罩。如果你要使用三角形或正方形，先造一個圓圈，然後在裡面製作你的陣法。

最適合這個魔法的陣法是三角形。請使用本書第 5 章中描述的方法創造你的陣法，用魔法棒、刀子，伸出手臂比出食指和中指來畫陣法，你也可以選擇用鹽巴或其他有形的東西來製作陣法。

面對的方向

如果你面向北方，這個魔法會最有效。在你的陣法中擺放好你的蠟燭和任何器具或強化物，這樣當你面向北方坐下時，這些東西會放在你的面前。

月相

這個魔法在滿月時舉行效果最好，因為我們想讓某件事情變得圓滿和清晰，就像月亮漸盈到圓滿和清澈那樣。

一週中的哪一天

最適合舉行這個魔法儀式的日子是星期天、星期一或星期四，但任何一天舉行儀式都可以。

☽ 非必要的魔法強化物

下面的這些物品能為你的魔法增加深度，並且幫助自己更加專注，但這些不是必要的，就算你沒有這些東西也可以施展魔法。

寶石

這個魔法最適合的寶石是**紫水晶、月光石和白水晶**。如果要在你的陣法中使用除了我建議的這三種以外的寶石，請將它們放在你面前。

香薰

能強化這個魔法的香品是**乳香、丁香（Clove）和松樹**。如果你喜歡的話，將這些香品放在你陣法內一個安全的地方。然而，想在陣法外開始使用香薰也沒關係。

音樂

如果你喜歡音樂，覺得它不會讓你分心，你可能會想播放一些冥想和安詳的音樂，例如大自然的聲音。只要你覺得舒服的音樂都好。

☽ 在你開始魔法儀式之前

請確定不會有讓你分心的事情。

可能的話，關掉所有電話。

播放靜心的音樂。

把燈光調暗一點。

在你開始前洗手或洗澡。

如果你要香薰的話，可以先點香。

準備你需要的所有東西，放在附近拿得到的地方。

畫你的陣法。

請求你的高層力量允許將訊息傳給你。

☾ 肯定語

在正式開始你的魔法之前，先在陣法內讀誦肯定語。

我願意打開我的心讓我的通靈力成長，我為了良好和正向的目的召喚內在的力量來改善我的人生。願我的直覺達到最佳的狀態，我確認要跟宇宙生命力合而為一。我會仔細注意我收到的訊息，會檢視我的直覺，看看我的直覺有多準確。請用額外的振動頻率包圍我，增強我的通靈潛力。

那就這樣吧！

☾ 如何舉行魔法儀式

1. 點燃你的蠟燭，但先不要香薰。

2. 敲鐘或搖鈴，說：「我聽到了力量。」（如果是兩個人，應該由女性來敲鐘。）

3. 喝一口葡萄酒，說：「我嚐到了力量。」（如果是兩個人，應該由男性先喝並說「我嚐到了力量。」然後把聖杯傳給女性，她重複說：「我嚐到了力量。」）

4. 點燃你的香品或從瓶中嗅聞香水或古龍水的味道，說：「我聞到了力量。」（如果是兩個人，應該由女性來點香。）

5. 閉上你的眼睛幾秒鐘後，睜開眼睛，說：「我看到了力量。」

6. 拿起你的布料，用雙手夾在中間輕壓，說：「我感覺到了力量。」

（如果是兩個人，男女兩人都應該有自己的一塊布，讓這兩塊布持有各自的能量。）

現在唸誦下列的咒語：

藉著地、水、火、風之力，
我的力量提升到更高的境界。
今晚我在此召喚這個力量，
我聽到了召喚，這是我的權利。

如果是一個人，就對著天空張開手臂說：「我就是力量。」
如果是兩個人，兩人手牽著手，手臂伸向天空說：「我就是力量。」
（四隻手臂都要伸出去。）

結束的咒語：

一切都是為了善意，不傷害任何人，
我現在宣布儀式已經完成了！

在你的心中以象徵結束儀式的聲明來做總結，像是「那就這樣吧！」
「祝福」或「阿門」。現在熄滅蠟燭，解除你的陣法。

再喝一口葡萄酒慶賀，如果你喜歡的話，可以坐在你的陣法中一會兒，
回想或舉行某種類型的魔法。也許是用牌卡占卜、注視水晶或是使用你喜歡
魔法器具。祝好運！

做決定──靈擺魔法

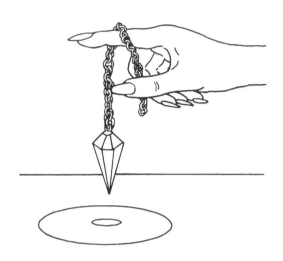

☽ 關於靈擺

在本書中的目的，靈擺只是用來接收來自你的內在自我或潛意識心智的「是」與「不是」的答案，以協助你做決定，得到更清晰的思維。然而，靈擺的用法不只為了得到答案這一種方式，治療師經常使用靈擺尋找肉身和乙太體（能量場）上不和諧的位置。

有人用靈擺來做探測術（dowsing），是尋找隱藏的物品，例如水源或金屬的古老技術。靈擺探測術也可以用來找人或尋找失物。當我在屋子裡遺失了某樣東西時，我會拿出一個靈擺，問它失物在哪裡。它會指向失物的方向，大部分的時候，它都出奇的準確。如果我在家中找不到這個東西時，我會站到窗邊。如果它指向窗外的方向，我就會知道失物在屋外。

若想知道某人對某個情況是不是對你說了實話，這個方法也很棒。它最大的目的是用來詢問關於現在的問題，不是未來的問題。

你可以獨自使用靈擺或跟另一個人一起使用。如果你要幫某人找答案，你的潛意識就會用心靈感應到那個人的潛意識心智。

適合使用靈擺的問題類型如下：

- 我不知道現在跟我交往的這個男人是不是認真看待我們的親密關係，他是認真的嗎？
- 我應該從我現在住的地方搬到別處嗎？
- 我接受另一個工作會快樂嗎？
- 開始這段新的冒險對我有利嗎？
- 我在人生的這個階段應該要追求更有靈性的道路嗎？

記住，只能問「是」與「不是」這兩種答案的問題。

記住，你是要接通你的潛意識，找出你人生真正想要的是什麼，什麼事會帶給你真正的快樂和滿足。靈擺對現在的情況、事件和一般需要做抉擇的問題具有豐富的資訊，知道答案後你會安心許多。你不會對關於某些人和某些選擇太過煩惱。

總而言之，當你對某件事情無法決定到底該怎麼做時，或是你不知道某人對某個情況是否有對你說出全盤的事實，這時你就可以用靈擺了。如果你問了關於未來的問題，靈擺只會告訴你，你的潛意識想要發生的事情，不是**將來真的會發生的事情**，你可能會感到失望。請適當的使用它，你會發現它巨大的價值和潛力。

☽ 保護這個魔法器具

當你沒在使用你的靈擺時，把它放在一個小布袋或某個容器裡。讓它暴露在其他的能量或振動頻率中不是好事。偶爾用冷水清洗靈擺，清除和消除上一次使用時留下的能量。我建議當你覺得它的能量開始變得混亂、沉重或

你感應到不舒服的能量時就要清洗，但最好用你自己的直覺來判斷。

有些人從來不清洗他們的靈擺，因為他們覺得每次使用靈擺，它就會聚積使用者自己的能量，因此威力會變得更強大。如果有人跟你借用它，對方使用過後你一定要淨化它，可以放在陽光下或月光下（新月、漸盈月或滿月）來消除別人的能量。

跟別人一起使用靈擺也沒有關係，只要每個人都專注在相同的問題，而不是關注輪到別人時他們會問什麼問題。有別人在場可能會很刺激很有趣，不過，碰到真正嚴肅的事情，還是建議自己一個人使用。兩種方法都可以嘗試，看看哪一種方式最適合你。

有人問說，在戶外還是在室內使用比較好。這個問題得由你自己決定，不過，我得告訴你，滿月之夜使用的效果很神奇！靈擺真的會「唱歌」，滿月時你不需要坐在戶外……只要感覺月亮的能量就知道了。

☾ 製作靈擺

你可以在新時代商店或網站上買到平價的靈擺，或者你也可以自己製作。基本上它就是由一個有重量的東西懸掛在一條繩子或鍊子上的器具，它會在目標物或固定點的上方（請看 P.204 頁的圖像），在重力的影響下前後擺動。

通常是由水晶或寶石製成，例如紫水晶或白水晶，也有用玻璃、木頭、青銅和其他種金屬做的靈擺。你可以用項鍊加一塊尖角的寶石或水晶，當作靈擺來使用。你可能也會想用十字架、戒指或軟木塞（粗頭在上方）綁在一條鍊子或繩子上。

☾ 必要的強化物和魔法器具

這個魔法必要的器具包括如下描述中你為陣法選擇的所有器具。

你會需要：

- 一個靈擺
- 一張紙或硬紙板，上面畫一個圓圈當作標靶。

可以利用任何一種能代表標靶，能平放在桌上或地上的東西。我曾見過有人使用硬幣、鈕扣，甚至是有孔的光碟呢！

蠟燭

你需要三支蠟燭：一支白色和兩支紫色。把白色蠟燭放在你前面的三角形中心點和靶心的位置，另外兩支蠟燭放在你身後，也就是三角形兩個基座點的邊角處。

陣法

所有的魔法儀式剛開始都應該畫一個圓圈，這是你的防護罩。如果你要使用三角形或正方形，先造一個圓圈，然後在裡面製作你的陣法。

最適合這個魔法的陣法是三角形。請使用本書第 5 章中描述的方法創造你的陣法，用魔法棒、刀子，伸出手臂比出食指和中指來畫陣法，你也可以選擇用鹽巴或其他有形的東西來製作陣法。

面對的方向

如果你面向北方，這個魔法會最有效。在你的陣法中擺放好你的蠟燭和任何器具或強化物，這樣當你面向北方坐下時，這些東西會放在你的面前。

月相

這個魔法在**滿月或漸盈月**時舉行效果最好，因為你正試著將某個事物帶向圓滿，如同月亮走向圓滿豐盛，而且清澈。

一週中的哪一天

最適合舉行這個魔法儀式的日子是星期天或星期一，但任何一天舉行儀式都可以。

☽ 非必要的魔法強化物

下面的這些物品能為你的魔法增加深度，並且幫助自己更加專注，但這些不是必要的，就算你沒有這些東西也可以施展魔法。

寶石

這個魔法最適合的寶石是紫水晶和白水晶。如果要在你的陣法中使用除了我建議的這兩種以外的寶石，請將它們放在你面前。

香薰

能強化這個魔法的香品是乳香、茉莉花和鼠尾草。如果你喜歡的話，將這些香品放在你陣法內一個安全的地方。然而，想在陣法外開始使用香薰也沒關係。

音樂

如果你喜歡音樂，覺得它不會讓你分心，你可能會想播放一些低頻率、安詳和靜心的樂器演奏音樂。只要你覺得舒服的音樂都好。

☽ 在你開始魔法儀式之前

請確定不會有讓你分心的事情。

可能的話，關掉所有電話。

播放靜心的音樂。

把燈光調暗一點。

在你開始前洗手或洗澡。

如果你要香薰的話，可以先點香。

準備你需要的所有東西，放在附近拿得到的地方。

畫你的陣法。

　　這時可以點燃蠟燭了。如果使用兩支蠟燭，可在紙板標靶的兩邊各放一支蠟燭。如果使用三支蠟燭，可在你四周製作一個三角形（如果你坐在地板上），或用蠟燭放在你前面的桌子或平台上製作三角形。 三是威力強大的數字，三角形的尖角必須放在你前面。

　　請求你的高層力量允許將訊息傳給你。

☽ 如何舉行魔法儀式

　　把你的紙板標靶放在前面。

　　一手拿著懸吊的靈擺，靈擺的尖角距離你的紙板圓形標靶的中心點大約一英吋高（約 2.54 公分）。你可以彎曲手肘或是讓手臂伸直，彎曲手肘會比較容易。讓靈擺「靜止」，不要讓它移動。有時候可以試著說「安靜」、「靜止」或「不要動」就有用了。你可以大聲、小聲說或在心中對自己說。

　　等你讓靈擺靜止不動後，你現在可以決定「是」與「不是」在哪個方向。每次的決定都不一樣，因此，我不會把「是」與「不是」寫在紙板標靶上。詢問你知道答案一定是「是」的問題，例如我的名字是＿＿＿嗎？如果你說出你的真名，它會指向你指定為「是」的方向。接下來，問一個你知道答案是「不是」的問題。它應該會朝「是」的反方向擺動。如果沒有的話，再試一次，直到你弄清楚「是」與「不是」的方向為止。

　　現在你已經為這一天或這個晚上決定了「是」與「不是」的方向。你的方向可能每天都不一樣，所以每次都要做這個程序。不用每問一個問題就重複這個步驟，只要每隔二十四小時以上做一次即可。

　　當你做完這個設定的程序之後，你可以詢問你想問的所有問題。(不過，不要問太多問題！)如果你發現靈擺的尖角在繞圈子，或擺動的方向毫無道理，那就停下來，重新開始。如果它還是繼續這樣，那就放下它，改天再試。大部分的情況下，你應該不會碰到這種問題。

　　如果你發現你的手會發抖，或者會稍微亂動，不要擔心，這是你的潛意識促使大腦產生一種電脈衝傳到你的手上，因此讓靈擺移動了。記住，這個器具是要協助你接通你的潛意識。如果你想要某個事物，靈擺卻告訴你不同的答案，你需要仔細想像你的內在自我想傳達給你的訊息是什麼。舉例來說：我交往了三年的這個男人「天生愛好自由」，他不愛工作、毫無野心、利用我，而且我認為他有時候也會跟別的女人私下交往。可是，我還是很愛他，我也沒辦法。他將來會改變嗎？這個男人適合我嗎？

　　如果你想要靈擺說「是」，但它卻說「不是」，那就要從不同的觀點來考慮它的道理。也許你不願意承認，但有些事情你卻不得不去處理它。我想你應該了解我的意思！

　　在你的心中以象徵結束儀式的聲明來做總結，像是「那就這樣吧！」「祝福」或「阿門」。現在熄滅蠟燭，解除你的陣法。

興旺

☽ 必要的強化物和魔法器具

這個魔法必要的器具包括如下描述中你為陣法選擇的所有器具。

你會需要：

· 你的錢包

· 一把不能打開任何東西的鑰匙（去五金行或有賣空白鑰匙的地方，買一把金色的鑰匙。如果店員覺得這樣很奇怪，你不要告訴他們細節，說你是要用這把鑰匙來舉行儀式。不要把這種私事告訴別人，這樣才能增強魔法的力量。記住，一定要一把新的鑰匙，不要用放在家裡的舊鑰匙。）

蠟燭

你需要四支綠色的蠟燭，放在正方形陣法的四面，東、西、南、北各一支。

陣法

所有的魔法儀式剛開始都應該畫一個圓圈，這是你的防護罩。如果你要使用三角形或正方形，先造一個圓圈，然後在裡面製作你的陣法。

最適合這個魔法的陣法是正方形。請使用本書第 5 章中描述的方法創造你的陣法，用魔法棒、刀子，伸出手臂比出食指和中指來畫陣法，你也可以選擇用鹽巴或其他有形的東西來製作陣法。

面對的方向

如果你面向東方，這個魔法會最有效。在你的陣法中擺放好你的蠟燭和任何器具或強化物，這樣當你面向東方坐下時，這些東西會放在你的面前。

月相

這個魔法在滿月、新月或漸盈月時舉行效果最好，因為你想增長某些事物，就像月亮漸盈到圓滿那樣。

一週中的哪一天

最適合舉行這個魔法儀式的日子是星期天、星期三或星期四。

☾ 非必要的魔法強化物

下面的這些物品能為你的魔法增加深度，並且幫助自己更加專注，但這些不是必要的，就算你沒有這些東西也可以施展魔法。

寶石

這個魔法最適合的寶石是黃鐵礦（Pyrite）、綠碧璽和白水晶。如果要在你的陣法中使用除了我建議的這三種以外的寶石，請將它們放在你面前。

香薰

能強化這個魔法的香品是**香草、薄荷和多香果**（Allspice）。如果你喜歡的話，將這些香品放在你陣法內一個安全的地方。然而，想在陣法外開始使用香薰也沒關係。

音樂

如果你喜歡音樂，覺得它不會讓你分心，你可能會想播放一些**振奮精神**的音樂。只要你覺得舒服的音樂都好。

☾ 在你開始魔法儀式之前

請確定不會有讓你分心的事情。

可能的話，關掉所有電話。

播放音樂。

把燈光調暗一點。

在你開始前洗手或洗澡。

如果你要香薰的話，可以先點香。

準備你需要的所有東西，放在附近拿得到的地方。

畫你的陣法。

請求你的高層力量允許將訊息傳給你。

點燃除了你前面的其他三支蠟燭。

☾ 肯定語

在正式開始你的魔法之前，先在陣法內讀誦肯定語。

我允許自己獲得財務上的安全，我放下我人生道路上的任何障礙和阻礙。我知道我不需要過一個貧窮的人生也能獲得靈性的成就。

我釋放任何會讓我產生不值得擁有富足生活的感覺。願豐足和興旺從此

刻開始與我產生共鳴。

那就這樣吧！

☽) 如何舉行魔法儀式

拿起你的鑰匙，把它當作工具，在你前面的這支綠色蠟燭側邊上刻「旺（Prosperity）」這個字。

點燃蠟燭。

把鑰匙放進你的錢包裡。

現在唸誦下列的咒語：

> 大地、微風、太陽、海洋，
> 請將魔法注入這把特別的鑰匙中。
> 我的錢財會跟月亮一樣逐漸增長，
> 興旺很快就會來臨。

在你的心中以象徵結束儀式的聲明來做總結，像是「那就這樣吧！」「祝福」或「阿門」。現在熄滅蠟燭，解除你的陣法。

旅途平安

在天氣情況許可下，這個魔法需要花兩天以上的時間，而且需要分兩階段進行。

最適合舉行這個魔法儀式的時間是天氣溫和晴朗的時候。

☽ 必要的強化物和魔法器具

這個魔法必要的器具包括如下描述中你為陣法選擇的所有器具。

你會需要：

- 一個護身符（可以是對你有意義，能掛在項鍊上佩戴的任何物件或寶石。你或許會想使用十字架、五角星、水晶，甚至是一塊動物身上的部件也可以。你可能已經有一條隨身佩戴的項鍊了，你也可以把現有的項鍊設定為護身符。）
- 元素水
- 能放護身符的碗、杯子或聖餐杯。

蠟燭

你的第一天需要三支蠟燭：**銀色／灰色、褐色和紅色**。把它們放在你前面排成一排，銀色／灰色在左邊，褐色在中間，紅色在右邊。第二天你會需要一支白色蠟燭放在你面前。

陣法

所有的魔法儀式剛開始都應該畫一個圓圈，這是你的防護罩。如果你要使用三角形或正方形，先造一個圓圈，然後在裡面製作你的陣法。

最適合這個魔法的陣法是**圓圈**。請使用本書第 5 章中描述的方法創造你的陣法，用魔法棒、刀子，伸出手臂比出食指和中指來畫陣法，你也可以選擇用鹽巴或其他有形的東西來製作陣法。

面對的方向

如果你面向北方，這個魔法會最有效。在你的陣法中擺放好你的**蠟燭**和任何器具或強化物，這樣當你面向北方坐下時，這些東西會放在你的面前。

月相

這個魔法在**新月或漸盈月**時舉行效果最好，因為你想增加某些事物，就

像月亮漸盈到圓滿那樣。

一週中的哪一天

這個魔法儀式在**任何一天**舉行都可以。

☾ 非必要的魔法強化物

下面的這些物品能為你的魔法增加深度，並且幫助自己更加專注，但這些不是必要的，就算你沒有這些東西也可以施展魔法。

寶石

這個魔法最適合的寶石是**綠松石和虎眼石**。如果要在你的陣法中使用除了我建議的這兩種以外的寶石，請將它們放在你面前。

香薰

能強化這個魔法的香品是**檀香**（Sandawood）、**肉桂和薰衣草**。如果你喜歡的話，將這些香品放在你陣法內一個安全的地方。然而，想在陣法外開始使用香薰也沒關係。

音樂

如果你喜歡音樂，覺得它不會讓你分心，你可能會想播放一些**寧靜和靜心**的樂器演奏音樂。只要你覺得舒服的音樂都好。

☾ 在你開始魔法儀式之前

請確定不會有讓你分心的事情。

可能的話，關掉所有電話。

播放靜心的音樂。

把燈光調暗一點。

在你開始前洗手或洗澡。

如果你要香薰的話，可以先點香。

準備你需要的所有東西，放在附近拿得到的地方。

畫你的陣法。

請求你的高層力量允許將訊息傳給你。

☽ 肯定語

在正式開始你的魔法之前，先在陣法內讀誦肯定語。

當我旅行時，感覺安全對我非常重要。當我出門旅行時，不管是長途或短途的旅行，只要想到有額外的保護就會讓我覺得格外安心。不管我是在白天活動或是晚上睡覺時，我知道（填上上帝或你祈禱的高層力量的名字）都會保護我。

我知道我得到了關愛和善意的照顧，因此很安心。

☽ 如何舉行魔法儀式

第一階段：首先你要在你的首飾上施展魔法，製造出一個護身符：

拿起你的首飾或水晶，放在碗中。

把元素水倒在首飾上，讓它整個浸泡到水。

把你的手放在這碗水上方，但不要碰到它，手掌向下，說道：「願水中所有的元素現在將保護的力量灌輸進這個護身符裡。」

現在解除你的圓圈陣法，熄滅蠟燭，說：「暫時做到這裡。」

把這個護身符放在窗台、陽台或某個陽光和月光照射得到的室內或戶外的地方，讓它補充能量。這個步驟至少要花二十四個小時，你需要月光和日光——多雲的日子不管用。如果天氣不好無法傳導能量，你一定要把護身符繼續放在可以照到至少八小時陽光和八小時月光的地方。寧願補充太多能量也不能太少，不過就算下一點小雨也不要擔心。

第二階段：當你覺得你的護身符已經補充了足夠的日光和月光後，盡快

找個時間，再次把你的護身符放在水中，並且創建圓圈陣法。

點燃一支白色蠟燭，把護身符放在你面前，讓它浸泡在水裡。

現在唸誦下列的咒語：

大自然已經祝福了這個護身符，

我的安全得到保障，所有的恐懼都消散了。

我會讓這個護身符保持強大和潔淨，

我一整年的旅行都會平安無事。

在你的心中以象徵結束儀式的聲明來做總結，像是「那就這樣吧！」「祝福」或「阿門」。現在熄滅蠟燭，解除你的陣法。

你可以只在旅行時佩戴它、每天戴它或是當你有需要時戴它，你可以自由選擇。如果你一直佩戴同樣的護身符或水晶，就每年舉行這個儀式一次。

特別意圖

這個魔法是支援其他本書中未包含的所有魔法。請把你自己的意圖灌輸進去。

☽ 必要的強化物和魔法器具

這個魔法必要的器具包括如下描述中你為陣法選擇的所有器具。

蠟燭

你會需要一支白色蠟燭。

陣法

所有的魔法儀式剛開始都應該畫一個圓圈，這是你的防護罩。如果你要使用三角形或正方形，先造一個圓圈，然後在裡面製作你的陣法。

最適合這個魔法的陣法是圓圈。請使用本書第 5 章中描述的方法創造你的陣法，用魔法棒、刀子，伸出手臂比出食指和中指來畫陣法，你也可以選擇用鹽巴或其他有形的東西來製作陣法。

面對的方向

如果你面向北方，這個魔法會最有效。在你的陣法中擺放好你的蠟燭和任何器具或強化物，這樣當你面向北方坐下時，這些東西會放在你的面前。

月相

這個魔法在滿月、新月或漸盈月時舉行效果最好。

一週中的哪一天

這個魔法儀式在任何一天舉行都可以。

☽ 非必要的魔法強化物

下面的這些物品能為你的魔法增加深度，並且幫助自己更加專注，但這些不是必要的，就算你沒有這些東西也可以施展魔法。

寶石

這個魔法最適合的寶石是白水晶。如果要在你的陣法中使用除了我建議的這種以外的寶石，請將它們放在你面前。

香薰

能強化這個魔法的香品是茉莉花。如果你喜歡的話，將香品放在你陣法內一個安全的地方。然而，想在陣法外開始使用香薰也沒關係。

音樂

如果你喜歡音樂，覺得它不會讓你分心，你可能會想播放一些古典樂、

自然原聲樂或新世紀音樂。只要你覺得舒服的音樂都好。

☾ 在你開始魔法儀式之前

請確定不會有讓你分心的事情。

可能的話，關掉所有電話。

播放靜心的音樂。

把燈光調暗一點。

在你開始前洗手或洗澡。

如果你要香薰的話，可以先點香。

準備你需要的所有東西，放在附近拿得到的地方。

畫你的陣法。

請求你的高層力量允許將訊息傳給你。

☾ 肯定語

在正式開始你的魔法之前，先在陣法內讀誦肯定語。

今晚我將我的能量引向某個特定的願望，這個願望是……（說出你的願望）。

這個可用的力量會將我的願望化為現實，我感謝這個力量的源頭。

願這個特別意圖湧入我的潛意識中，讓我充滿信心的知道，神性的力量會以最適合我的方式在這個情況中幫助我，讓這個願望得以實現。

☾ 如何舉行魔法儀式

出聲說或暗自對自己說：「在宇宙至高力量的授權下，我請求……（填入你的要求）。感謝你，就這樣。」

現在唸誦下列的咒語：

月亮啊！月亮，請聽我祈求的願望，

地和水，火和風，

我一次的請求，具有三倍的力量，

請以和諧的方式回應我的請求吧！

在你的心中以象徵結束儀式的聲明來做總結，像是「那就這樣吧！」「祝福」或「阿門」。現在熄滅蠟燭，解除你的陣法。

白光防護魔法

正如我先前在本書中提過的，在你施展任何魔法之前，你應該用白光保護自己和你的陣法。這是正確的，不過，這個特別的魔法超越了這種防護。當你害怕或想要某人或某事遠離你時就可以施展這個魔法。可以是有生命的人或無生命的事物，包括八卦、霉運、金錢損失或任何你認為即將進入你的生活或已經在你生活中的負面人、事、物。

這是一個威力強大的魔法，所以我會仔細描述這些要求背後的目的。圓圈陣法是最佳陣法，是因為圓圈陣法不會讓任何東西飄進來，因為圓圈會防止所有東西再次進入。

你面向東方是因為東方的振動頻率代表新的開始和創建的力量。太陽從東方升起，它會取代黑暗。

☽ 必要的強化物和魔法器具

這個魔法必要的器具包括如下描述中你為陣法選擇的所有器具。

蠟燭

你會需要三支白色蠟燭，在你面前排成一橫排。

陣法

所有的魔法儀式剛開始都應該畫一個圓圈，這是你的防護罩。如果你要使用三角形或正方形，先造一個圓圈，然後在裡面製作你的陣法。

最適合這個魔法的陣法是圓圈。請使用本書第 5 章中描述的方法創造你的陣法，用魔法棒、刀子，伸出手臂比出食指和中指來畫陣法，你也可以選擇用鹽巴或其他有形的東西來製作陣法。

面對的方向

如果你面向東方，這個魔法會最有效。在你的陣法中擺放好你的蠟燭和任何器具或強化物，這樣當你面向東方坐下時，這些東西會放在你的面前。

月相

這個魔法在暗月或漸虧月時舉行效果最好，因為這是一種驅逐的魔法。

一週中的哪一天

這個魔法儀式在任何一天舉行都可以。

☾ 非必要的魔法強化物

下面的這些物品能為你的魔法增加深度，並且幫助自己更加專注，但這些不是必要的，就算你沒有這些東西也可以施展魔法。

寶石

這個魔法最適合的寶石是黑曜石。如果要在你的陣法中使用除了我建議的這種以外的寶石，請將它們放在你面前。

香薰

能強化這個魔法的香品是乳香。如果你喜歡的話，將香品放在你陣法內一個安全的地方。然而，想在陣法外開始使用香薰也沒關係。

音樂

　　如果你喜歡音樂，覺得它不會讓你分心，你可能會想播放一些**古典樂、自然原聲樂或新世紀音樂**。只要你覺得舒服的音樂都好。

☽ 在你開始魔法儀式之前

　　請確定不會有讓你分心的事情。

　　可能的話，關掉所有電話。

　　播放靜心的音樂。

　　把燈光調暗一點。

　　在你開始前洗手或洗澡。

　　如果你要香薰的話，可以先點香。

　　準備你需要的所有東西，放在附近拿得到的地方。

　　畫你的陣法。

　　請求你的高層力量允許將訊息傳給你。

☽ 如何舉行魔法儀式

　　當你坐在圓圈陣法內時，觀想一團圓形白光圍繞著你，從地面穿過天花板，進入空中，完全包圍了你的魔法區域，並上升到沒有人觸摸得到的宇宙中。保持這種白光圍繞的觀想幾秒鐘，然後放鬆，觀想這個圓圈消失散去，白光的強大能量仍會繼續存在。

　　現在唸誦下列的咒語：

　　我隨身帶著強大的白光防護罩，
　　現在任何惡念或惡事都無法接近我。

你無法傷害我，也不能弱化我的靈魂，

我的白光就是我的武器，安詳是我的目標。

在你的心中以象徵結束儀式的聲明來做總結，像是「那就這樣吧！」「祝福」或「阿門」。現在熄滅蠟燭，解除你的陣法。

每個禮拜至少更新一次這種白光防護魔法，如果你覺得人生碰到困難，需要特別的協助時也可以多做幾次。

結語

當我們學會導引月亮的能量，熟悉每一個月相的力量時，我們就會開始轉化這種活力，讓它進入我們的生活中。

把使用魔法當作一種投射你思維的跳板，你可以把自己的想法化為有秩序的行動。魔法會在你心中創造一種整體的環境，這只是一個起點，讓你集中注意力得到你想要的一切。對那些比較認真，又能接受物質世界之外還有別的事物的人來說，這些魔法會很成功，因為它們對我和跟我志同道合的人都很有效。亨利·福特（Henry Ford）曾經說過：「如果你認為你行，或認為你不行，你都是對的！」

資料來源

Abell, George O., and Barry Singer. *Science and the Paranormal.* New York: Charles Scribner's Sons, 1981.

Arnold, Larry, and Sandy Nevius. *The Reiki Handbook.* Harrisburg, PA: ParaScience International, 1982.

Biedermann, Hans. *Dictionary of Symbolism.* New York: Facts on File, Inc., 1989.

Cayce, Hugh Lynn. *Venture Inward.* New York: Paperback Library, 1964.

Dunwich, Gerina. *The Magick of Candle Burning.* Secaucus, NJ: Carol Publishing Group, 1989.

Greenhouse, Herbert B. *The Book of Psychic Knowledge.* New York: Taplinger Publishing Co., 1973.

Hewitt, William W. *Astrology for Beginners.* St. Paul, MN: Lewellyn Publications, 1993.

Hoffman, Enid. *Develop Your Psychic Skills.* Gloucester, MA: Para Research, 1981.

Hope, Murry. *Practical Techniques of Psychic Self-Defense.* New York: St. Martin's Press, 1983.

Howard, Jane M. *Commune with the Angels.* Virginia Beach, VA: A.R.E. Press, 1992.

Kennedy, David Daniel. *Feng Shui for Dummies.* Foster City, CA: IDG Books Worldwide, Inc., 2001.

Talesco, Patricia. *Love Magic.* Freedom, CA: The Crossing Press, 1999.

Silbey, Uma. *The Complete Crystal Guidebook.* San Francisco, CA: U-Read Publications, 1986.

Sullivan, Kevin. *The Crystal Handbook.* New York: Penguin Group, 1987.

Time Life Books. *Search for the Soul.* Alexandria, VA: 1989.

中文索引

國家圖書館出版品預行編目(CIP)資料

經典長銷！月亮魔法大全：利用月相實現你想要的財富、健康與愛情等
各種願望／黛安‧艾奎斯特（Diane Ahlquist）著；舒靈譯. -- 初版. --
新北市：大樹林出版社，2022.10
　　面；　公分.--（療癒之光；5）
譯自：Moon spells : how to use the phases of the moon to get what
you want.
ISBN 978-626-96312-5-4（精裝）

1.CST：占星術　2.CST：占卜

466.171　　　　　　　　　　　　　　　　　　　　111005263

大樹林學院
www.gwclass.com

療癒之光 05

經典長銷！月亮魔法大全
：利用月相實現你想要的財富、健康與愛情等各種願望

Moon spells : how to use the phases of the moon to get what you want.

作　　　者／黛安‧艾奎斯特（Diane Ahlquist）
內文部分插圖／派蒂‧沃茲（Patty Volz）
翻　　　譯／舒靈
總 編 輯／彭文富
編　　　輯／王偉婷
校　　　對／12舟
排　　　版／菩薩蠻數位文化有限公司
封面設計／比比司設計工作室
出 版 者／大樹林出版社
營業地址／235新北市中和區中山路二段530號6樓之1
通訊地址／235新北市中和區中正路872號6樓之2
電　　　話／(02) 2222-7270　　　傳　　　真／(02) 2222-1270
官　　　網／www.gwclass.com
E - m a i l ／notime.chung@msa.hinet.net
Facebook／www.facebook.com/bigtreebook
總 經 銷／知遠文化事業有限公司
地　　　址／222深坑區北深路三段155巷25號5樓
電　　　話／02-2664-8800　　　傳　　　真／02-2664-8801
初　　　版／2022年10月

大樹林出版社─官網

大树林学苑─微信

課程與商品諮詢

大樹林學院 ─ LINE

定價／480元　　ISBN／978-626-96312-5-4